AF453761

Extrait du « LYON MÉDICAL »

Numéros des 14, 28 septembre, 12, 19 octobre, 2, 16 novembre, 21, 28 décembre 1913,
18 et 25 janvier 1914.

LES ANCIENS HOPITAUX DE LYON

PETITS HOPITAUX DIVERS

PAR LE

Dr J. DRIVON

Médecin honoraire des hôpitaux.

LYON
ASSOCIATION TYPOGRAPHIQUE
H. GABRION, RUE DE LA BARRE, 12

1914

LES ANCIENS HOPITAUX DE LYON

PAR LE

Dr J. DRIVON

Médecin honoraire des hôpitaux.

Des raisons indépendantes de ma volonté m'ont contraint
d'interrompre, et probablement pour toujours, les recherches que j'avais entreprises sur l'histoire des anciens hôpitaux de Lyon. Il m'a semblé cependant que les notes
recueillies dans ce but ne devaient pas être sacrifiées et
pourraient être utilisées par ceux qui voudraient poursuivre
ce travail. C'est pourquoi je crois devoir les publier, si
incomplètes quelles soient.

Le sujet est loin d'être épuisé, il reste digne d'inté-
resser un chercheur. D'abord les hôpitaux de la Quarantaine (St-Laurent, St-Thomas de Gadagne, l'hôpital Atha-
nase et celui de la Trinité), puis les nombreux hôpitaux
militaires, créés à l'époque du siège soit par les assiégés,
soit par l'armée régulière l'hôpital de la Montagne, de
l'Evêché, St-Louis, des Chazaud, etc.), les hospices d'aliénés. L'hôpital Ste-Catherine, bien qu'ayant pendant une
longue période une histoire commune avec l'hôpital de la
Chana, antérieurement étudié, mérite cependant une notice
particulière.

Pour le moment, je veux seulement appeler l'attention
sur une série d'hôpitaux généralement de faible importance et dont l'histoire se résume souvent en peu de mots :
une simple mention dans un ou plusieurs testaments, quelques rares documents échappés à l'oubli et recueillis dans
les Cartulaires. Peut-être un jour de nouveaux titres,
exhumés de nos archives, permettront-ils de les mieux connaître ; mais provisoirement il faut se borner à réunir les

pièces éparses en attendant que la lumière se fasse sur le rôle qu'ils ont joué.

Nul ne regrettera plus que moi les nombreuses lacunes que le lecteur pourra constater dans ce travail. Mes notes avaient grand besoin d'être complétées, mais j'aurai montré la voie, et peut-être me sera-t-il donné de voir qu'elle a été suivie, et que mes recherches, bien qu'incomplètes, n'ont pas été sans utilité.

HÔPITAL SAINT-ALBAN.

Il ne saurait être ici question de l'hospice situé à St-Alban, à la limite extrême du 7ᵉ arrondissement de Lyon, non loin de l'asile départemental d'aliénés du Rhône. Cet hospice (fondation Richard) n'existe réellement que depuis 1855 ; destiné d'abord à recevoir des enfants incurables de la paroisse St-Nizier, il admet aujourd'hui ceux de toutes les parties de la ville. Son institution est de date trop récente pour qu'il puisse figurer au nombre des anciens hôpitaux de Lyon.

L'hôpital St-Alban, au contraire, remonte à une très haute antiquité, car on attribue sa fondation à Saint-Sacerdos, évêque de Lyon au VIᵉ siècle. Sa disparition date au moins du XIIᵉ siècle, car on ne le trouve cité dans aucun des testaments conservés dans nos archives et dont l'ensemble embrasse la période du XIIIᵉ au XVIᵉ siècle.

Nombreux sont les auteurs qui ont mentionné cet hôpital ; mais les seuls renseignements précis que nous possédons, nous sont transmis par le P. Bullioud, dans le *Lugdunum sacro-prophanum*. Voici la traduction du passage qu'il lui consacre : « Vers la porte du cloître de l'Eglise St-Jean de Lyon, il y avait aussi un hôpital avec chapelle en l'honneur de St-Alban autrefois archevêque de Lyon, ou de Saint-Alban martyr et ses compagnons, etc., dans la rue dite autrefois du Palais et maintenant des Trois-Maries, etc. [1]

Ce qui rend encore peu probable l'existence de cet hôpital

<hr>

[1] NIEPCE. — *Archives départementales du Rhône*. 311.

au-delà du XII° siècle c'est que, en 1137, l'archevêque Pierre avait concédé la chapelle de St-Alban (et sans doute aussi l'hôpital qui en dépendait) à Odon, abbé de St-Claude en Jura, qui la convertit en prieuré. « Elle fut accensée, en 1534, et la maison comprise dans ses appartenances par le cardinal de la Baume, abbé de St-Claude, à dame Clémence d'Avrillat et à Laurent Rabot, conseiller du Parlement de Dauphiné... (1) » L'église fut démolie en 1754.

AUMÔNERIE DU SAINT ESPRIT.

Mon but, en écrivant ces notices, est de rappeler le souvenir de nos vieux hôpitaux disparus, et surtout de rassembler les rares documents qui les concernent et que le temps a épargnés. Mon rôle devient bien différent lorsque quelqu'un de ces hôpitaux a été l'objet d'une monographie spéciale. Nul n'a le droit de s'approprier l'œuvre d'autrui. Je dois alors me borner à en faire une analyse sommaire, renvoyant à l'ouvrage même les lecteurs qui désirent avoir des renseignements plus complets.

Tel est le cas pour l'aumônerie du Saint Esprit qui n'a été citée par aucun de nos historiens, et dont M. Croze, archiviste des hôpitaux, nous a depuis peu révélé l'existence par une notice insérée, en 1911, dans la *Revue de l'Histoire de Lyon* (2).

C'est dans un manuscrit de 1688, rédigé à l'occasion d'un procès entre les recteurs de l'Hôtel-Dieu et le chapitre d'Ainay, qu'il a trouvé les indications relatives à l'Aumônerie ; malheureusement les pièces à l'appui, notamment plusieurs bulles papales ont aujourd'hui disparu, et c'est en vain que M. Caillemer a fait rechercher à Rome les bulles d'Innocent IV, Urbain IV et Clément IV ; elles avaient sans doute été remises au procureur chargé de suivre le procès et n'ont pas été réintégrées dans les archives.

(1) GUIGUE. — *Bibliothèque historique du Lyonnais.* p. 26.
(2) A. CROZE. Les origines de l'Hôtel-Dieu de Lyon, t. X, pp. 457-472.

Pour M. Croze, l'aumônerie du Saint Esprit était un hôpital destiné, comme tous ceux que fondaient les confrères du Saint Esprit, à donner un asile aux passants et aux pèlerins. Il était situé sur l'emplacement aujourd'hui occupé par la façade méridionale de l'Hôtel-Dieu. Sa création fut d'un demi-siècle au moins antérieure à celle du pont du Rhône; au début de la construction du pont les frères pontifes établirent aussi leur hôpital, auquel on réunit bientôt après l'Aumônerie, dont l'existence devenait superflue. L'Aumônerie apporta donc alors ses dotations à l'hôpital des frères pontifes, entre autres deux prébendes, l'une dans l'abbaye de Cluny et l'autre dans celle de Vézelay; or, Reynaud de Semur, archevêque de Lyon en 1128-1129 ayant été moine de Cluny et abbé de Vézelay, il est bien probable que c'est à lui que l'Aumônerie dut ces libéralités, et alors elle daterait au moins de 1129, tandis que l'œuvre du pont est seulement de 1184-1185.

Voici, du reste, les conclusions de M. Croze, en ce qui concerne l'aumônerie du Saint Esprit :

« 1° L'Hôtel-Dieu de Lyon occupe un emplacement sur lequel s'élevaient autrefois les deux hôpitaux de l'Aumônerie du Saint Esprit et de l'hôpital du pont du Rhône;

« 2° L'Aumônerie, fondée par les confrères du Saint Esprit lyonnais à une époque imprécise, mais dont on trouve déjà trace dans le premier tiers du XII° siècle, était un hôpital réservé aux pauvres passants, semblable à celui qui était affecté au même usage dans une autre partie de la ville, près de la porte de Trion, à Saint-Just;

« 3° L'hôpital du pont du Rhône, édifié vers 1184-1185 par les frères pontifes comme annexe hospitalière du pont entrepris à cette époque, fut à son origine destiné aux nombreux pèlerins qui, au cours des croisades, se rendaient en terre sainte;

« 4° Quelques années après sa fondation, l'hôpital du pont du Rhône adjoignit à son œuvre celle de l'Aumônerie du Saint Esprit, qui lui fut annexée, avec ses biens et ses charges, par l'archevêque Renaud de Forez. »

HÔPITAL DE BÉCHEVELIN.

La note suivante, que j'emprunte à M. C. Guigue, résume tout ce que l'on sait de positif concernant l'hôpital de Béchevelin :

« Cet hôpital, situé sur la rive gauche du Rhône, à la Guillotière, était contigu à la maladrerie de la Madeleine. Il fut fondé en vertu d'une autorisation de Louis de Villars, archevêque de Lyon, en date du 18 avril 1306, par Jean de Farges, citoyen de Lyon, qui le dota de treize lits pour recevoir les malades en l'honneur de Notre-Seigneur et de ses douze apôtres, auxquels seraient fournis leurs nécessités et hébergés la nuit. Le Fondateur réservait pour lui et ses successeurs jusqu'à la troisième génération l'administration de la maison. »
(Archives du Rhône, *inventaire du chapitre métropol.*,
    arm. Adam, vol. II, nᵒ 1, pp. 19-20. *Mémoires de la*
    Soc. littér., 1876.)

Que devint cet hôpital? A quelle époque a-t-il disparu? Ces questions sont, pour le moment au moins, insolubles. Il est vraisemblable que son existence fut éphémère, car il n'est cité dans aucun testament. Peu de siècles dans notre histoire présentent un spectacle aussi sombre. Il débute dans les exactions de Philippe-le-Bel, le roi faux monnayeur, et se termine sous le règne d'un insensé, le roi CharlesVI. On y trouve la première période de la guerre de Cent ans avec la fatale journée de Crécy (1346) et celle plus désastreuse encore de Poitiers (1356), la Jacquerie, la France entière ravagée par les armées et plus encore par les bardes de pillards, la peste noire enfin (1348) qui enleva un tiers peut-être de la population.

Pour notre région en particulier il débute dans la dernière phase de la lutte des bourgeois contre le pouvoir ecclésiastique; durant son cours les Tard-Venus ravagent notre pays, battent à Brignais (1361) une armée royale, et, de leur camp établi à Anse, mettent tous les environs en coupe réglée. Il n'est pas impossible qu'une de leurs bandes ait passé dans le mandement de Béchevelin, brûlant les maisons, détruisant tout sur son passage. Il me semble cependant plus probable que la disparition de l'hôpital ait été causée par une de ces inondations désastreuses du Rhône si fréquentes à cette époque. Le pont de la Guillotière avait été commencé par la rive droite et ses énormes piles de plus de 10 mètres d'épaisseur avaient accentué la tendance du fleuve à se jeter sur sa rive gauche, qu'aucune digue ne protégeait. A diverses reprises le quartier du Pont qui se formait alors fut littéralement anéanti, et cela au XV siècle. Si nous ne pouvons affirmer qu'il en fut de même au XIV siècle, c'est que les documents font défaut. Ils sont si rares en effet pour ce qui concerne cette période que c'est seulement au XIX siècle qu'on a pu établir, avec des pièces à l'appui, que notre ville n'avait pas été épargnée par la peste noire, calamité autrement importante que la destruction d'un petit hôpital.

Quelle que soit la cause de sa disparition, inondation ou fait de guerre, on peut considérer comme certain qu'il ne fut pas rétabli. Les revenus affectés à son entretien ne permettaient pas de le reconstruire; d'ailleurs, ces revenus mêmes étaient peut-être assignés sur des maisons qui avaient également disparu, et comme cette partie de Béchevelin dépendait alors de la paroisse de Saint-Michel-d'Ainay il est permis de supposer que ce qui en resta vint augmenter les revenus de cette paroisse.

HOSPICE DE SAINTE-CLAIRE OU DES RÉCOLLETS.

La première mention de cet hospice se trouve dans le rapport de l'Intendant d'Herbigny, en 1697. Faisant le relevé des ordres religieux et du nombre de leurs membres, il écrit :

« Récollets, Lyon : 55 religieux; *l'hospice de Sainte-Claire à Lyon* : 6 religieux; Saint-Genis-Laval : 16 religieux, etc.... »

— 7 —

D'autre part, les almanachs du xviii° siècle contiennent preque toujours cette note : « Les RR. PP. Récollets ont un hospice au monastère de Sainte-Claire. »

C'est à cela que se réduisent les documents connus sur l'hospice de Sainte-Claire. La fondation de cet établissement est donc antérieure à 1697. Il a subsisté pendant le xviii° siècle jusqu'au début de la Révolution, et déjà en 1697, son importance était assez considérable pour que *six* religieux fussent appelés à le desservir.

Nos historiens locaux paraissent l'avoir complètement ignoré. L'abbé Vachet, dans ses anciens couvents de Lyon (1) se borne à reproduire la note puisée dans les almanachs ; et, chose singulière, Steyert qui a consacré aux sœurs de Sainte-Claire une monographie assez étendue (2) ne fait même pas mention de leur hospice.

A quel genre d'infortune était-il destiné ? Je ne crois pas qu'il soit possible d'admettre que des malades ou des infirmes aient pu y être soignés. La claustration des clarisses était trop absolue pour qu'on puisse supposer que des étrangers aient trouvé accès dans leur couvent, car des malades ou des infirmes auraient eu besoin du secours de médecins, de chirurgiens, d'apothicaires dont la présence, les visites même étaient incompatibles avec la règle sévère de la communauté. Le mot de l'énigme me parait être donné par un document que j'ai trouvé dans le dossier des Pères de Picpus (3) et que j'ai publié antérieurement dans mon étude sur l'hospice du Tiers-Ordre : « La maison leur sert d'hospice soit pour les religieux du couvent de la Guillotière qui sont obligez de rester en ville pour les questes, soit pour donner des secours spirituels aux bourgeois et citoiens qui ont recours à eux » (4). Cette pièce nous

---

(1) Les anciens couvents de Lyon, etc..., 1895.

(2) Les religieuses de Sainte-Claire à Lyon. Esquisse historique, etc.. Lyon, 1900.

(3) Arch. départementales, Fond. : *Franciscains*.

(4) Id.   id.   *loco citato, et* hospice du Tiers-Ordre, etc., p. 12.

montre que les religieux donnaient au mot *hospice* une signification particulière et inusitée aujourd'hui.

Je présume que l'hospice des Récollets au couvent des sœurs de Sainte-Claire était du même genre que celui des PP. Piepus sur la place Le Viste. C'était un poste de secours spirituels et non temporels. Des religieux Récollets s'y trouvaient en permanence pour recevoir les confessions, ou se rendre au chevet des malades qui demandaient leur assistance; c'était alors probablement un établissement rival de celui des PP. Piepus de la Guillotière. Le but était identique, c'est-à-dire : donner des secours spirituels, et, si l'occasion était propice, rappeler au mourant les besoins toujours pressants du monastère.

Le couvent des sœurs de Sainte-Claire était situé vers le bord de la Saône, au nord de l'église d'Ainay.

HÔPITAUX DES DEUX-AMANTS.

L'emplacement sur lequel s'élèvent aujourd'hui les bâtiments de l'École vétérinaire a une histoire. D'abord et pendant des siècles peut-être on y vit un hôpital que les anciens titres désignent sous le nom de : *hospitale duorum amantium*, et plus tard en langue vulgaire *hospital des amans*. Vers la fin du XVe siècle il fut démoli et remplacé par un couvent de Cordeliers dits de l'Observance, auprès desquels vinrent bientôt s'établir des Religieuses de Sainte-Élisabeth qui y fondèrent le deuxième monastère lyonnais de leur ordre, sous le nom de : monastère des Deux-Amants. Évacué par les religieuses lors de la Révolution, les recteurs de l'Hôtel-Dieu y transportèrent, en 1793, les malades et tous les services de l'hôpital devenu inhabitable à la suite du bombardement.

Cette utilisation ne fut que temporaire, quelques mois seulement, c'est-à-dire le temps nécessaire pour faire les réparations les plus indispensables, alors les malades réintégrèrent l'Hôtel-Dieu. Enfin, en 1797, l'École vétérinaire, quittant ses locaux de la Guillotière devenus insuffisants, vint occuper les monastères de Sainte-Élisabeth et de l'Observance.

Nous avons donc dans notre histoire locale deux hôpitaux dits des Deux-Amants; l'un, ancien, a subsisté durant plusieurs siècles; l'autre, moderne, pendant quelques mois seulement. Nous allons tracer une rapide esquisse de l'histoire de chacun d'eux.

Premier hôpital des Deux-Amants.

On ignore l'époque à laquelle fut fondé cet hôpital. Fortis (1) se faisant l'écho de vagues traditions, prétend qu'il était contemporain de celui de Childebert et d'Ultrogothe, mais rien ne justifie cette assertion. En réalité il paraît pour la première fois dans un testament de la fin du XII° siècle, et voici quelques-uns des testaments qui le mentionnent :

Testament d'Étienne de Rochetaillée, vers 1176 : hospitali duorum amantium : lectum vestitum et 1 asinaria siliginis. (*Valentin Smith, bibl. Dumb., II, 44.*)

Testament de Guillaume de la Palud, 25 juillet 1213 : hospitali duorum amantium : XV sol. ad emendos redditus pro anniversario suo annuatim faciendo. *Ob. de l'Église métrop., 80.*

Testament d'Étienne, chapelain d'Anse, vers 1225 : hospitali duorum amantium V solidos. *Ob. St-Jean, 191, cart. Lyon, I, 1283.*

Testament de Guillaume de Colonge, vers 1225 : hospitali duorum amantium : IV mornant. silig. cart. Lyon, I, 286.

Testament de Guillaume de Colonge, circa 1225 : hospitali duorum amantium : III asinatas siliginis.

Testament de Renaut de Forez, archev. de Lyon, 16 octobre 1226 : hospitali de duobus amantibus XL sol. fort. (*Obit. égl. métrop., 203.*)

Testament de Jean Buillaz, prêtre, décembre 1277 : hos

---

(1) FORTIS. Voyage pittoresque et histor., à Lyon. 1821.

pitali doz amanz lugd. : una libra fabarum. *Cart. lyonnais*, II, 351 .

Il nous reste bien peu de documents concernant l'hôpital des Deux-Amants, et nous sommes, sur certains points, obligés de recourir à des hypothèses. Il est probable qu'au début l'administration fut, comme d'ordinaire, confiée à des clercs ; mais, déjà en 1285, le chapitre de Saint-Paul s'en est emparé, et loin d'être pour lui une charge l'hôpital lui donne une redevance :

« 1285, l'hôpital des Deux-Amants paye au chapitre de Saint-Paul une redevance de 12 deniers pour une terre située près du moulin de Treille (près Colonge?) » [1].

Les chanoines de Saint-Paul étaient peu scrupuleux : dans une notice antérieure (hôpital de la Chanal, 1908) j'ai montré comment ils se firent remettre le monastère de la Chanal au prix de quelques obligations pieuses. On verra plus loin comment ils se firent également attribuer l'administration de l'hôpital Saint-Éloy et le laissèrent tomber en ruines. Peut-être ont-ils agi de même pour l'hôpital des Deux-Amants. Sous prétexte d'abus condamnables qui se commettaient dans les établissements qu'ils convoitaient, ils s'en faisaient confier la direction, promettant de les mieux gérer suivant les intentions des fondateurs, et, en réalité, se bornaient à en appliquer les revenus à leur usage. Cependant, en cas d'épidémie au moins, il semble que le Consulat pouvait exercer une sorte de droit de réquisition, car s'il est à peu près certain que l'hôpital des Deux-Amants ne recevait en temps ordinaire ni malades ni pèlerins, il ressort de la note suivante qu'il reçut des pestiférés en 1473 :

« État des dépenses faites par le commandement et ordonnance de Mgrs les Conceilliers pour les hospitaux tant du Pont du Rhône que des deux amans et aultres à cause de la pestilence de mois de may MCCCCLXXIII » [2].

---

[1] Polyptique de Saint-Paul. p. 30.

[2] Archives départ., CC. 457.

Colombet (1), dans une notice sur les Cordeliers de l'Observance, nous donne les renseignements les plus précis sur les derniers jours de l'hôpital des Deux-Amants :

« Ce fut en 1442 que le frère Jean Bourgeois, « aidé du frère Tisserand, tous deux prédicateurs renommés, résolurent de ramener l'ordre des Cordeliers à la sévérité de la règle qu'avait léguée à ses disciples saint François d'Assise. Tous deux, aimés du roi de France, Charles VIII, et de sa femme Anne de Bretagne, ils obtinrent facilement la faveur qu'ils sollicitaient ; et, ... ils vinrent, avec l'autorisation royale, choisir à Lyon un emplacement convenable pour la fondation du nouveau couvent. ..... Sur la rive droite de la Saône,..... presque à côté du château de Pierre-Scize..... s'élevait un vieil hôpital dépendant du chapitre de Saint-Paul, mais *on n'y donnait plus l'hospitalité*. Tout autour de petites maisons, des vignes, des vergers suspendus aux flancs de la colline du Greillon..... Les propriétaires étaient tout disposés à vendre leurs villas et leurs terrains. Ce fut là que résolurent de se fixer nos Cordeliers voyageurs. Une lettre patente de Charles VIII, en date du 30 avril 1492, à maître Claude Le Charron, son procureur à la sénéchaussée de Lyon, enjoignit à ce dernier de traiter promptement avec les propriétaires de ces divers tènements. Le 22 juin, estimation sur les lieux est faite par les experts entourés de conseillers. L'hôpital (que supprima le 14 de la même année une bulle d'Alexandre VI) est estimé 1.500 livres tournois ; les autres propriétés 3.119 livres. Le 5 octobre, le contrat est passé selon les calculs de l'estimation. Au mois de novembre, l'acquisition est livrée au P. Bourgeois, exempt de toutes charges envers le chapitre, et, le 8 décembre, les religieux observantins sont mis en possession du vieil hôpital et ils commencent aussitôt à abattre, à déblayer, en attendant le roi, qui a promis de mettre la première pierre aux fondements du monastère ».

---

(1) Lyon, ancien et moderne, t. II. p. 3.

Le ténement des Deux-Amants n'avait pas été entièrement absorbé par le couvent des Cordeliers; nous en trouvons la preuve dans les *nommées* de 1493 :

« 1493, Jean Dumont est propriétaire du ténement des Deux-Amants. Humbert Aigue possède..... le ténement de l'ospital des deux amans. Les frères mineurs possèdent le ténement de l'ospital des deux amans, côté Saône..... devers la bise, et la saulaie dudit Aigue devers le vent, un chemin entre deux, etc..... » 1.

Cette partie finit par revenir, en 1651, à l'Aumône générale en vertu du tesrament de Moyrond, baron de Saint-Trivier, qui fit les pauvres de la Charité ses héritiers universels; et ce fut l'Aumône qui vendit aux Religieuses de Sainte-Élisabeth le ténement sur lequel elles construisirent le monastère des Deux-Amants.

Deuxième Hôpital des Deux-Amants.

Lorsque la Convention décréta, le 12 juillet 1793, sur le rapport de Couthon, que les représentants à l'armée des Alpes devaient, avec une partie de cette armée sous les ordres de Kellermann, marcher contre Lyon pour soumettre cette ville rebelle, personne ne supposait qu'une population de bourgeois et d'artisans, complétement ignorants des choses de la guerre, oserait résister; on pensait qu'une simple démonstration militaire suffirait pour la réduire à l'obéissance. Le 8 août, 25.000 hommes arrivaient sur le plateau de Montessuy, les représentants Dubois-Crancé et Gauthier et le général Kellermann sommaient la ville de se rendre. La réponse devait être donnée dans le délai d'une heure. Ce temps n'était pas expiré que déjà les hostilités avaient commencé et les assaillants étaient repoussés. Les deux partis se sont mutuellement accusés de cette sorte de trahison, mais peut-être aussi Dubois-Crancé avait-il compté surprendre la ville avant qu'elle eût pu se mettre en état de défense.

---

(1) Arch. départ., CC., 18.

La surprise ayant échoué, il fallait envisager l'éventualité d'un siège et pour cela il fallait des forces bien plus considérables que celles dont il disposait. Sous la direction de l'ingénieur Chénelette les Lyonnais avaient construit des redoutes qui s'étendaient du pont d'Oullins à la Duchère et qui, dominées par les batteries de Sainte-Foy, obligeaient l'ennemi à étendre démesurément sa ligne d'investissement. Sur le plateau de la Croix-Rousse les maisons de Cuire et de Caluire étaient crénelées et tenaient l'ennemi à grande distance du mur d'enceinte. Enfin le pont de la Guillotière était coupé et une formidable redoute couvrait la tête du pont Morand, du côté des Brotteaux.

Dubois-Crancé a pu dire dans sa défense, lorsqu'on l'accusa d'avoir prolongé le siège, que Lyon était, à ce moment, une des plus fortes places de l'Europe. Il fallait, en effet, pour la cerner, trois corps d'armée qui pouvaient difficilement se prêter appui en cas de sortie des assiégés.

Ainsi la surprise avait échoué ; un siège régulier devait nécessairement exiger un temps très long et des forces considérables. Il essaya un troisième moyen : l'intimidation.

Après plusieurs sommations dans lesquelles il faisait les plus terribles menaces, le bombardement commença dans la nuit du 22-23 août. Dubois-Crancé escomptait la terreur jetée dans la ville par l'incendie et l'effondrement des édifices ; il espérait que les lamentations et les cris de la population forceraient les défenseurs à mettre bas les armes ; il comptait enfin sur les nombreux jacobins restés à Lyon et qui pouvaient faire en sa faveur une puissante diversion. Ce sont, en effet, ces derniers qui, selon toutes probabilités, firent sauter l'arsenal dans la nuit du 24-25 août, détruisant ainsi une notable partie du quartier du Plat. Le bombardement de la nuit du 26-27 août fut terrible et il y a lieu de croire que l'Hôtel-Dieu fut particulièrement visé, car le feu y éclata 42 fois et fut chaque fois éteint par les frères et les sœurs. Marc-Antoine Petit, témoin oculaire, a raconté, dans son discours *de l'influence de la Révolution sur la santé publique*, ces dramatiques événements, et Morin [1] les a rapportés dans son histoire de Lyon. D'après lui, l'Hôtel-Dieu reçut en trois nuits 1.600 bombes qui, sur divers points, effondrèrent la toiture et les charpentes, mais firent en réalité peu de victimes [2].

On voudrait croire qu'il n'entrait pas dans les intentions de Dubois-Crancé de détruire par l'incendie un édifice qui abritait plus de mille malades ou blessés. Cependant, il paraît le reconnaître lui-même dans son rapport à la Convention et l'on est bien obligé de constater qu'en fait l'Hôtel-Dieu fut épargné dès que son personnel eut été évacué dans la maison des Deux Amants, et que l'hôpital provisoire établi dans la maison des missionnaires de St-Joseph, à l'angle des rues Lafont et du Garet, dût être aussi évacué vers la fin de septembre et transféré dans l'église St-Louis aujourd'hui St-Vincent. Faut-il admettre qu'il comptait, pour terrifier la population sur ce spectacle épouvantable de malheureux incapables de fuir succombant dans ce brasier?

Quoi qu'il en soit l'Hôtel-Dieu était devenu inhabitable et il fallut choisir un autre asile pour les malades. Tous les services furent transférés dans le couvent des Deux Amants et dans celui de l'Observance. Quatre administrateurs seulement : Villermoz, Parent, Perret et Razuret, qui étaient restés à leur poste, s'y installèrent en permanence; le frère Croizier remplaça l'économe. Le service chirurgical fut probablement fait par Rey et Marc-Antoine Petit; quant aux médecins, plusieurs avaient disparu, l'administration leur écrivit le 10 septembre la lettre suivante qui nous prouve en même temps que le transfert était alors complètement opéré :

----

(1) Morin. *Hist. de Lyon*, t. III, p. 248.

(2) D'après le rapport de l'état-major de l'armée assiégeante. Lyon reçut, en 63 jours de siège : 27.694 boulets, 11.674 bombes, 1.644 obus, 5.377 cartouches à balles pour canons, 826.136 cartouches à balles pour fusils; on a consommé 297.533 livres de poudre.

« L'administration de l'Hôtel-Dieu a vu avec peine que les malades aient été privés de vos visites et de vos soins depuis le bombardement de notre ville. C'était pourtant le moment où ils étaient le plus utiles à nos concitoyens qui sacrifient leurs vies et leurs santés pour le salut de tous et où chacun s'est empressé d'être exact à son poste ; nous sommes fâchés d'être obligés de vous rapeller que le vôtre était à l'Hôtel-Dieu auprès des malades de l'Hôtel-Dieu.

« Votre devoir eut peut-être été de prévenir les autorités constituées que les malades restaient sans secours médicinaux. Nous attendons votre réponse pour savoir comment nous devrons le remplir ; veuillez donc faire connaître par écrit vos motifs à l'administration relativement au passé et vos intentions pour l'avenir.

« Nous sommes fraternellement

*« Les administrateurs composant le Bureau
de l'Hôtel-Dieu.*

« Fait au bureau de l'administration séant au cy-devant couvent des Deux-Amants, Lyon, le 10 septembre 1793. »

La lettre ci-dessus a été envoyée le 12 septembre 1793 aux citoyens Baudot, Buytouzac, Bosche, Collomb et Martin, médecins de l'Hôtel-Dieu (1).

Il y avait à cette époque à l'Hôtel-Dieu six médecins, titulaires et suppléants, MM. : Chavanne, Bosche, Collomb, Baudot, Buytouzac et Martin. Les deux premiers avaient pris du service dans l'armée lyonnaise, et Chavanne n'étant pas nommé parmi ceux auxquels cette lettre est envoyée, continuait sans doute ses visites à l'hôpital. Bosche, qui était à Lyon, dut verbalement donner sa réponse ; pour Collomb nous ne savons rien, du moins nous n'avons pas de réponse écrite ; mais nous reproduisons celle des trois derniers :

« Votre lettre dattée du 11 du présent ne m'est parvenue qu'aujourd'hui 15 ; elle a beaucoup ajouté au chagrin que

_____

(1) Archives de l'H.-D., in-4°, 1 f.

j'éprouve de ne pouvoir me rendre à mon poste. J'espère que les causes qui m'en empêchent cesseront bientôt et que je m'y rendrai incessamment. La crainte de perdre une propriété est une des causes; elle est assez puissante et assez légitime pour que l'administration veuille bien encore prendre patience pour quelques jours.

« Je prie l'administration de compter sur mon zèle pour le service des malheureux.

« Je suis très fraternellement, citoyens administrateurs,

« MARTIN,

de St-Genis-Laval, 15 septembre 1793 [1]. »

— « 14 septembre 1793, an 2 de la République française.

« L'administration ne doit pas douter de mon empressement à être utile au service des malades de l'Hôtel-Dieu par l'exactitude que j'ai mis à leur être utile ; je n'ai cessé mes visites qu'à la dernière extrémité. J'avais la fièvre, fièvre occasionnée par le chagrin que j'ai éprouvé en voyant les malheureux infortunés, désespérés, sans asile. Je pensais que quelques jours de repos à Fourvière remédieraient à mon état ; tant s'en faut, la fièvre continue, la dissenterie s'y est jointe. Je suis un peu soulagé dans le moment présent mais dans un état de faiblesse et d'abattement qu'il serait difficile de rendre. J'attends avec impatience que ma situation s'améliore pour me rendre à mon poste. Vous ne devez pas douter que le zèle qui m'a toujours animé pour le soulagement des malades de votre maison, ne soit le même et combien ma sensibilité naturelle influe sur ma santé à la vue de tant de maux. Dieu veuille que le terme de tant de calamités soit prochain ; c'est le plus ardent de mes vœux pour l'humanité souffrante.

« Agréez le témoignage de mon sincère attachement.

BAUDOT [2]. »

------

[1] Arch. de l'H.-D., in-4°, 1 f°.
[2] In-4° carré, 1 f°.

— « A St-Cyr-au-Mont-d'Or, 16 septembre 1793.

« Citoyens administrateurs,

« Ma femme malade très gravement m'a rappelé impérieusement auprès d'elle ; depuis quelques jours sa situation me donne des espérances, mais toute communication avec votre malheureuse cité est interdite et je ne puis me rendre où m'appellerait mon devoir pour les pauvres auxquels je resterai toujours inviolablement attaché.

« Mon intention, citoyens administrateurs, est et sera toujours de donner des soins aux pauvres quand il me sera libre de me rendre auprès de vous.

« Agréez, citoyens administrateurs, mes sentiments fraternels.

BUYTOUZAC J. »

Ces réponses, il faut le reconnaître, ne sont pas héroïques, mais on doit tenir compte des circonstances et des opinions de ceux qui les ont écrites. Baudot, réfugié à Fourvière, pouvait facilement venir faire son service aux Deux Amants ; mais il était concitoyen, probablement parent, et peut-être frère du D' Marc-Antoine Baudot, membre de la Convention, qui fit décréter le 23 juillet *que tous les citoyens qui ne sortiraient pas sous trois jours des villes rebelles seraient réputés émigrés*. D'ailleurs il était lui-même un véritable jacobin et il nous en reste une preuve sur laquelle il est préférable de ne pas insister. Quant à Buytouzac et Martin ils étaient en dehors de la ligne d'investissement ; ils auraient pu passer sans doute puisque la lettre de l'administration leur était parvenue et que nous avons leurs réponses, mais en la franchissant ils s'exposaient aux plus grands dangers. On les remplaça provisoirement par les Docteurs Lagoutte, Aigouy et Gonnelle, dont le dernier seul fut titularisé plus tard.

Bien que cet hôpital soit récent nous sommes peu renseignés à son égard ; le registre des délibérations de cette

______
(1) Arch. de l'H.-D., in-4° carré, 1er f°.

époque a été égaré, volontairement peut-être. Les archives sont absolument incomplètes ; il est évident qu'on a fait disparaître bien des pièces compromettantes pour certaines personnalités. Il faut donc se borner à citer les quelques documents qui ont échappé. Voici d'abord, entre plusieurs autres, des lettres qui nous montrent qu'immédiatement après la prise de la ville on évacua sur l'hôpital des Deux Amants les blessés qui se trouvaient dans l'ambulance lyonnaise des Chazeaux dont l'autorité militaire s'empara pour en faire un hôpital :

« Nous, commissaire des guerres de l'armée des Alpes, employé à Lyon, réquérons le préposé à la surveillance de l'hôpital civil des Deux Amants de donner des ordres pour qu'il soit envoyé dix frères à l'hôpital militaire des Chazottes pour conjointement avec les infirmiers dudit hôpital, procéder au transport de dix malades consignés.

« L'ordre qui en a été donné est pressant et doit être exécuté sans délai.

« Ville Affranchie, le 6ᵉ jour de la 2ᵐᵉ décade du 1ᵉʳ mois an 2 de la République une, indivisible et démocratique 1). »

« Liberté. — Egalité.

« 19ᵐᵉ division militaire — Résidence à Lyon. — Hôpit. milit.

« Ville Affranchie, ce 5ᵐᵉ jour du 2ᵐᵉ mois 27 oct. de l'an second de la République française une et indivisible :

« *Le commissaire des guerres faisant fonction d'ordonnateur de la 19ᵉ division militaire.*

« *Aux citoyens administrateurs de l'Hôtel-Dieu de Ville Affranchie.*

« Je vous donne avis, citoyens, que je viens de donner des ordres pour que les blessés provenant de la rébellion de la Ville de Lyon soient transportés dans les 24 heures de l'hôpital militaire situé aux Chazots dans votre hôpital. Si la politique exige cette mesure, j'espère que l'humanité ne

____

1. Arch. H.-D., boîte : militaires.

souffrira en rien par les moyens de célérité que vous apporterez à ce changement.

« Je suis avec fraternité votre concitoyen,

ALEXANDRE.

Commissaire ordinaire, rue Saint-Dominique, 78.

« Le nombre des blessés est d'environ de 15 à 20, y compris 2 ou 3 qui sont à l'hôpital Saint-Irénée. [1] »

Voici encore un document émanant du Conseil municipal et qui atteste les soins dont les malades étaient entourés :

« Conseil municipal, 28 pluviôse, an 2 (16 février 1794).

« Lecture faite d'un procès-verbal du comité révolutionnaire du même arrondissement (des ruines de la Bastille, ci-devant Pierre-Scize), duquel il résulte que, touché du sort des personnes détenues au dépôt de la Quarantaine, il a reçu pour soulager ces malheureux une certaine quantité de chemises des citoyens et citoyennes de l'arrondissement dont il avait excité le zèle ; que, pareillement, il a fait visiter *l'hospice* établi aux *Deux-Amans* pour voir s'il ne manque rien aux malades qui y sont et si on leur donne les soins qui leur sont nécessaires, visite dont le rapport est satisfaisant et heureux.

« Le Conseil municipal arrête, sur les conclusions de l'agent national, qu'il sera écrit une lettre de satisfaction au comité de l'arrondissement des ruines de la Bastille pour les engager à continuer à bien mériter de l'humanité en compatissant au sort des infortunés et en cherchant à leur procurer tous les soulagements possibles. [2] »

L'Administration avait repris ses séances à l'Hôtel-Dieu le 16 pluviôse, an 2 (4 février 1794). Vingt jours plus tard, le 6 ventôse (24 février), les malades réintégraient à leur tour l'hôpital dont les salles venaient d'être réparées ; ces réparations, du reste, furent considérables et coûtèrent la

---

(1) Archives Hôtel-Dieu, boite : militaires.

(2) Procès-verbaux, etc., tome V.

somme de 1.573.698 l. 5 s. 6 d. en assignats, et 9.256 l. 5 s.
en numéraire [1]. L'hôpital des Deux-Amants, si exigu
qu'il abritait à peine le tiers des malades ordinairement
assistés à l'Hôtel-Dieu, avait désormais terminé son rôle.

HOPITAL SAINT-ELOY

ou

NOTRE-DAME DE LYON *Hôpital Sainte-Marie*.

On ne s'étonnera pas, je pense, de la brièveté, au moins
relative, de la notice consacrée au plus important de nos
anciens hôpitaux ; au vieil hôpital qui a disparu sous le titre
d'hôpital Saint-Eloy, mais qui avait été fondé par Childebert et Ultrogothe, sous le vocable de Sainte-Marie ou de
Notre-Dame. Cet hôpital a été étudié par M. C. Guigue
avec d'autant plus de soin qu'il avait à détruire une légende
accréditée depuis plusieurs siècles.

Lorsque Papire Masson, en 1577, et le cardinal Baronius
1588-1595, firent connaître les actes du cinquième Concile
d'Orléans 549, mentionnant la fondation d'un hôpital à
Lyon par le roi Childebert et la reine Ultrogothe, les lyonnais de cette époque n'hésitèrent pas à reconnaître, dans
l'hôpital du pont du Rhône, celui qu'avait fondé le fils de
Clovis en 542. Seul, en effet, cet établissement méritait
vraiment le nom d'hôpital. Rubys, dans son *Histoire véritable de la ville de Lyon*, en 1604, adopta cette opinion qui
fut acceptée par les nombreux historiens locaux du xviie et
du xviiie siècle. Les recteurs, eux, savaient à quoi s'en
tenir, mais ils se gardèrent bien de signaler une erreur qui
pouvait leur être profitable. Ils avaient souvent à solliciter
les faveurs royales ; or, il ne pouvait y avoir de meilleure
recommandation auprès du roi que de se présenter comme
administrateurs d'une œuvre fondée par un de ses glorieux
prédécesseurs. Mais, s'agissait-il d'un impôt levé sur le
domaine royal, ou d'une taxe mise sur les établissements
placés sous le contrôle du grand Aumônier de France, les
recteurs alors exhibaient leurs titres ils le firent en 1646 et

---

(1) DAGIER, *Histoire chronologique de l'Hôtel-Dieu*, p. 358.

il fallait bien reconnaitre que l'hôpital, œuvre des citoyens
et de la municipalité, ne devait rien au roi non plus qu'à
l'Eglise. Cependant les recteurs répétèrent si souvent que
l'hôpital avait été fondé par Childebert et Ultrogothe qu'à
la longue ils finirent eux-mêmes par le croire. Le régime
réel de l'hôpital fut oublié et, il y a quarante ans encore, la
fondation de l'Hôtel-Dieu, en 542, était un dogme que nul ne
songeait à contester. M. C. Guigue, dans son ouvrage :
Recherches sur Notre-Dame de Lyon, etc... publié en 1876,
a montré que notre Hôtel-Dieu fut l'œuvre des confrères du
Saint-Esprit, et qu'il fallait chercher sur la rive droite de la
Saône l'hôpital de fondation royale. Ses conclusions sont
aujourd'hui universellement admises ; pas un contradicteur
ne s'est présenté, et comme il a étudié, non seulement l'origine, mais aussi l'existence entière du vieil hôpital, nous ne
pouvons que renvoyer à cette étude si complète et si docu-
mentée, nous bornant seulement à résumer sommairement
l'histoire de l'hôpital Sainte-Marie ou Saint-Eloy, depuis sa
fondation jusqu'à sa ruine.

L'hôpital fondé par Childebert et Ultrogothe était situé
sur l'emplacement qui, récemment encore, était appelé :
Place de l'Ancienne-Douane. Au début, il est connu sous le
nom d'hôpital de Notre-Dame, de N.-D. du Pont, N.-D. de
la Saunerie, etc..., quelquefois il est dénommé hôpital Sainte-
Marie, et enfin, au XV° siècle, on le désigne sous le nom
d'hôpital Saint-Eloy. On ignore à qui saint Sacerdos en
avait confié la direction, car les documents qui le concernent
ne remontent pas au delà du XII° siècle. A ce moment ce
sont des clercs, aidés de quelques sœurs converses, qui
administrent l'hôpital ; et, comme la chapelle jouit de tous
les droits curiaux, les chanoines de Saint-Paul, que gêne
cette concurrence, travaillent à la faire cesser. La lutte dure
un siècle et le Chapitre arrive enfin à son but ; l'archevêque
Renaud lui fait, en 1197, remise complète de l'hôpital et de
ses revenus, en le chargeant d'administrer le tout selon les
intentions des royaux fondateurs.

Les Chanoines avaient accusé leurs prédécesseurs de
négliger le soin des pauvres, de dilapider les biens de la

maison et de s'en approprier les revenus ; ils promettaient que, sous leur direction, ces abus ne se renouvelleraient pas. Au contraire, la situation devint pire et les Chanoines exploitèrent leur nouvelle propriété sans tenir aucun compte des charges qui la grevaient. On les voit, en 1250, aliéner une partie du cimetière ; puis, dans la cour de l'hôpital, ils font construire des maisons de rapport et louent même une partie de l'édifice.

A la fin du XV° siècle, l'hôpital Saint-Eloy est presque ignoré, on ne trouve plus son nom dans les testaments ; un homme et une femme qui y résident composent tout le personnel chargé de recevoir et de soigner les pauvres pèlerins ou malades, et si grand est l'oubli dans lequel il est tombé que le consulat croit devoir faire mettre un *escripteau* pour rappeler son existence.

Lors de la suppression de l'hôpital des Deux-Amants, le pape Alexandre VI bulle du 5 février 1492 avait exigé que l'œuvre d'hospitalisation fût transférée dans un autre local, et les Chanoines avaient choisi pour cet usage le monastère de la Chanal, où ils feignirent de vouloir construire un somptueux hôpital dont ils présentèrent les plans au consulat. Un projet aussi grandiose demandait de longues réflexions et aussi des capitaux considérables ; pour se procurer ces derniers ils résolurent de vendre leur hôpital Saint-Eloy.

En conséquence, ils firent constater par des experts que ce bâtiment obscur, humide et malsain était impropre à recevoir les pauvres de Jésus-Christ et par sa situation, presque au milieu de la ville, dangereux pour la sécurité publique dans le cas de maladie épidémique. A ces motifs allégués par les Chanoines les experts ajoutèrent qu'il était complétement inutile en raison de sa situation et de la vétusté de son mobilier. Le conseil de l'archevêché, par acte du 16 février 1497, autorisa l'aliénation au plus offrant et dernier enchérisseur, et le 27 août, il était adjugé à divers acquéreurs.

Le Consulat protesta : l'hôpital était un établissement d'utilité publique que le Chapitre n'avait pas le droit de supprimer sous prétexte de le remplacer par un autre dans un avenir problématique. Il s'adressa au tribunal de la sénéchaussée demandant le maintien de l'hôpital et l'annulation de la vente. Un procès s'engagea qui semblait devoir être de longue durée quand un incident le termina brusquement.

« En 1502, les consuls, qui avaient été admis par le chapitre de la Collégiale, comme co-recteurs du nouvel hôpital de la Chana, installèrent, de leur propre autorité, dans cet hôpital, les filles repenties que la misère recommandait à leur charité. Les Chanoines se prétendirent gravement lésés par cet empiétement de pouvoir, intentèrent une action et obtinrent des lettres d'expulsion contre ces pauvres femmes. De hautes influences s'interposèrent alors, et proposèrent une transaction dont le Consulat, après avoir recueilli l'avis des conseillers royaux et des notables, accepta les bases dans sa séance du 5 septembre 1503... 1 . »

« Par cet acte, les consuls renoncèrent à la coadministration de l'hôpital de la Chana, consentirent à l'éloignement des filles repenties, et approuvèrent, en tant que de besoin, la vente précédemment faite de l'hôpital Saint-Eloy, dont les charges hospitalières furent réparties entre les hôpitaux du Pont-du-Rhône et de Saint-Laurent-des-Vignes. En compensation, les Chanoines firent cession et transport à l'hôpital du Pont-du-Rhône du produit de la vente de l'hôpital Saint-Eloy, soit : d'un capital de 113 liv. 6 sous 8 deniers, et d'une pension de 30 livres 11 sous 8 deniers, due par cinq coacquéreurs 2 . »

L'hôpital Saint-Eloy disparaissait, mais que devenaient les donations faites par ses fondateurs, et aussi les nombreux legs qu'il avait certainement reçus pendant son existence de plusieurs siècles ?... Le traité du 5 septembre 1503 est muet sur ce point. Tous ces biens, ces revenus, ces legs demeurèrent la propriété du Chapitre et formèrent, jusqu'à la Révolution, la prébende ou *acquèrement* d'un chanoine de Saint-Paul.

---

(1) M. C. Guigue. Recherches sur N.-D. de Lyon, etc. Lyon, 1876, p. 150.
(2) M. C. Guigue, *ut supra*.

HÔPITAL DE SAINT-FONS
Hospitale de centum fontibus.

Certains lecteurs, même parmi ceux auxquels la langue latine n'est pas très familière, s'étonneront sans doute de voir : *hospitale de centum fontibus* transformé en hôpital de St-Fons, et jugeront que cette traduction est peu littérale ; une explication est nécessaire.

Centum fontes fut, sans doute, le nom de la localité pendant la domination romaine et ce nom se retrouve encore dans les actes notariés obligatoirement écrits en latin jusqu'au milieu du XVIe siècle. Il avait été motivé probablement par la présence de nombreuses sources dont quelques-unes apparaissent encore à la suite des grandes pluies dans les fissures formées entre la boue glacière superficielle et la molasse marine qui constitue le sous-sol de cette partie des balmes viennoises. Quand se forma la langue vulgaire les désinences latines disparurent, *centum fontes* devint *cent font* ou simplement *senfon*. Puis l'étymologie du nom fut oubliée et les érudits se donnèrent carrière. Pour le P. Ménestrier le nom de *senfonds* est dérivé de *sine fundis* [1] parce que, la localité appartenant aux Allobroges, n'avait pas été divisée en lots ou *fundi* entre les colons romains. D'autres ont écrit *sainfons* de *sanus fons* ou *sani fontes* : saines ou bonnes fontaines ; dans le rapport de Tyndo c'est *sanctus fons* : sainte fontaine. Mais l'étymologie qui a réuni le plus grand nombre de partisans est celle qui fait dériver le nom de St-Fons de *sanguinis effusio*, effusion de sang ; *sanguis fusus* Ruby, sang répandu ; *sanguinis fundus* St-Aubin, terre de sang ; *sanguineus fundus*, terre sanglante ; *sanguinis fons*, fontaine de sang, etc... Raverat, Chorier, etc. et, d'après ces auteurs le nom viendrait de l'épouvantable carnage qui suivit la défaite d'Albin par Septime Sévère, en 197.

(1) Dans un état de limitation des biens appartenant aux hôpitaux sur la commune de Vénissieux, faite en 1690, on trouve cette orthographe : chemin des *cinq Fondz*.

L'orthographe actuelle date seulement de l'époque où fut dressée la carte de l'état-major ; bien que partout dans le pays on prononçât *sanfon*, les officiers qui en étaient chargés supposèrent qu'il s'agissait d'une corruption du mot *saint* dans le patois local, et ils écrivirent sur leur carte : *St-Fons*, qui devint alors le nom officiel. Mais on se demanda qui était ce saint. Il devait certainement avoir été au moins évêque, et c'est ainsi qu'il y a cinquante ans encore on pouvait voir, barbouillée par le plâtrier-peintre de Venissieux, sur la façade de l'auberge du pays, l'image crossée et mitrée d'un saint prélat que les hagiographes n'ont pas connu.

Qu'on me permette ici une digression. L'histoire d'un petit hôpital oublié est bien peu de chose auprès des épouvantables catastrophes dont la plaine de St-Fons doit être prochainement le théâtre (vers 1920?) La bataille entre Septime Sévère et Albin n'a pas été livrée à St-Fons, mais sur le plateau de Caluire. St-Fons, *sang-fond*, porte, par anticipation, le nom qu'il méritera malheureusement bientôt. Depuis bien longtemps j'avais entendu répéter une vague légende d'après laquelle une terrible bataille devait s'y livrer, précédant de bien peu la fin du monde. Dans des notices récentes, un écrivain lyonnais qui signe : Laurent de Brindes a rassemblé les nombreuses prophéties [1], annonçant que la plaine de St-Fons doit être le théâtre d'une bataille telle « que la renommée réunie des plaines de Pharsale, de Tolbiac et de Waterloo pâlira devant elle ». Berthin.

Je ne rapporterai pas ici les phases de cette effroyable tuerie, bien que j'en connaisse les moindres détails ; je me contenterai de reproduire quelques-unes de ces prophéties. En voici une dont l'origine, très ancienne est inconnue ; on sait seulement qu'elle fut imprimée pour la première fois à Paris en 1652 : « .... *ils s'assembleront dans la grande plaine de Sang Fond où il y aura une croix au milieu. Hélas ! que ce sera bien là la croix de malheur ! Là sera bataille si cruelle et si espouvantable que oncques pareille*

---

(1) Prophéties sur Lyon. la France. etc.. . 1907-1908.

ne s'est au monde veue. Les femmes y viendront leurs maris reconnoistre pour les ensepulturer. Jamais si grande désolation au monde ne s'est veue. Bien sera forcé de faire paix, car qui ferait la guerre! » [1].

Les suivantes émanent d'un homme dont la réputation est universelle, et qui, ayant habité Lyon, pouvait mieux que personne donner de la précision à ses oracles : il s'agit du fameux Nostradamus :

> VIII, 34. Après victoire du Lyon à Lyon
> Sur la montagne du Iura secatombe
> Delues et brodes septième million
> Lyon, VIIme à Mausol mort et tombe.

L'auteur lyonnais l'interprète ainsi en s'aidant de quelques centuries précédentes :

« *Près d'un grand pont et plaine spacieuse* (I, 33), auprès de Lyon qui sera alors en ruines, les Allemands et Bavarois (Suèves) seront vaincus et poursuivis vers le Jura où ils seront exterminés » [2].

Voici qui est plus clair encore :

> I, 84. Lune obscurcie aux profondes ténèbres
> Son frère passe de couleur ferrugine
> *Le Grand* caché longtemps sous les latèbres
> Tiendra le fer dans la *plague sanguyne* (3).

La petite Marie, qui prophétisait vers 1820, a pu, en sa qualité de lyonnaise, nous donner des détails plus précis :

« Le carnage fut terrible, le sang ruisselait dans la plaine de St-Fond, à la Guillotière, sur le pont ; dans la rue de la Barre le combat fut épouvantable et vint comme s'éteindre à l'entrée de la place Bellecour » [4]. Marie de Lyon.

« Un grand combat aura lieu près de Lyon dans la plaine de St-Fond et dans toute l'étendue du faubourg et du pont de la Guillotière, jusque dans la rue de la Barre. Ce combat

------

(1) Prophéties... loc. cit.. p. 8
(2)   Id.   p. 16.
(3)   Id.   p. 17.
(4)   Id.   p. 27, 29, 30.

auquel prendra part un nombre considérable de gardes nationaux sera affreux, le sang coulera à flot sur la terre, il y aura un carnage et un massacre épouvantable... Si les cadavres étaient entassés sur la place Bellecour ils atteindraient la hauteur du troisième étage » [1].

Je pourrais citer encore bien d'autres prophéties, non moins effrayantes et toutes concordantes, mais il faut savoir se borner, et, après cette digression, qu'on a dû certainement trouver bien longue, je reviens à l'histoire de l'hôpital.

Voici, textuellement traduites, les seules pièces concernant cet hôpital que mes recherches m'ont permis de recueillir :

« Donation de l'hopital de St-Fons en 1271 ;

« Nous, maître Aymon de Pesme, official de la cour de Lyon au nom du seigneur G., par la grâce de Dieu évêque d'Autun, chargé de l'administration du diocèse de Lyon, le siége archiépiscopal étant vacant, à tous ceux qui les présentes lettres verront faisons savoir que : le seigneur Aymard et le seigneur Pierre de Broon, chevaliers, et Eustache de Broon, damoiseau, devant nous préposé aux actes, en présence d'Anselme, aumonier d'Ainay et procureur du couvent de ce même lieu, rapportent et affirment que leurs ancêtres, auxquels ils ont succédé après plusieurs générations, ont fondé à leurs frais, à une époque immémoriale *(a tempore de quo non extat memoria)*, l'hôpital de cent fonts *(de centum fontibus)*, situé près des Charrières et près du Rhône, et ont donné, à titre d'aumône perpétuelle, à ce même hôpital, les terres et propriétés qu'il possède. Que leurs ancêtres aussi bien qu'eux-mêmes, c'est-à-dire les deux chevaliers et le damoiseau après eux, ont établi dans cet hôpital des recteurs et gouverneurs révocables selon leur volonté, jusqu'à ce moment, sans aucune opposition, que le droit de patronat, l'investiture et la destitution des recteurs dudit hôpital leur appartient en

______

(1) Prophéties... loc. cit., p. 29.

commun, mais, à présent, lesdits Aymard et Pierre et ledit
Eustache, pour le salut de leurs âmes et de celle de leurs
ancêtres, sans méprise, et, comme ils le reconnaissent,
sans être circonvenus par personne, mais de parfaite
connaissance et spontanément cèdent et concèdent ledit
hôpital, avec toutes ses maisons, terres et autres
possessions, tous ses droits, souverainetés, usages, par une
donation irrévocable entre vifs, au monastère d'Ainay,
à titre d'aumône perpétuelle, pour être par lui possédé à
perpétuité ; réservant toutefois à eux et à leurs héritiers
à perpétuité la garde de ce même hôpital et de ses possessions, moyennant une redevance annuelle de six sous
viennois pour la charge de ladite garde. Ils réservent aussi
pour eux et leurs héritiers à perpétuité les bans et droits
féodaux tels qu'ils les ont dans la paroisse de *Vinilies*
Venissieux. Lesdits donateurs, se dépouillant des biens
ainsi donnés, investissent et transmettent audit Anselme,
aumônier d'Ainay, et, comme il a été dit, procureur de ce
couvent, présent devant nous, et recevant pour l'usage et
au nom dudit couvent d'Ainay ladite donation et investiture
en signe de transmission réelle ou à peu près, par un livre
qu'ils lui ont remis pour cause de la susdite donation ; per-
mettant et voulant que dès ce moment ledit aumônier ou
qui que ce soit, représentant ledit monastère, puisse entrer
dans ledit hôpital et en prendre personnellement possession,
ainsi que de tous ses droits et appartenances. Mais il a été
expressément entendu et convenu, dans la transmission
susdite, que ledit couvent placera selon le besoin et y tien-
dra un recteur et un gouverneur ; que ce recteur, ou le
couvent, y entretiendra douze lits garnis *duodecim lectos
garnitos* à l'usage des pauvres de Jésus-Christ qui y
arrivent de tous côtés, ainsi qu'on a fait jusqu'à présent.
En même temps lesdits chevaliers et damoiseaux promettent et s'engagent, pour eux et leurs successeurs, par
serment prêté en personne sur les saints Évangiles de Dieu,
de sauvegarder inviolablement, eux et les leurs à perpétuité
la donation, remise, concession, investiture et tout ce qui

est dit ci-dessus, audit aumônier recevant pour l'œuvre et au nom dudit couvent, et de ne permettre à personne de venir à l'encontre par acte ou parole, en justice ou autrement, ni consentir à aider quiconque tenterait d'aller à l'encontre; bien plus, si quelqu'un voulait molester en quelque façon ledit couvent ou quiconque le représente, ou lui intenter un procès, ou le dépouiller de quelques-uns des biens donnés, lesdits donateurs promettent, sous leur serment et sous l'obligation de tous leurs biens, audit aumônier qui reçoit la donation pour l'usage et au nom dudit monastère, de s'opposer pour eux, etc... *Suivent des redites et formules juridiques communes à tous les actes de cette époque.)*

« Donné en l'an du Seigneur, 1271. »

Grand Cartul. de l'abb. d'Ainay. II, p. 9 et 11.

Lettre concernant l'hôpital de St-Fons :

« Nous, Aymon de Pesme, official de la cour de Lyon *(ut supra)*... faisons savoir à tous ceux qui les présentes lettres verront que Aymard et Pierre de Broon, chevaliers, et Eustache de Broon, damoiseau, avaient autrefois concédé à Pierre Trémoley, clerc, pour le tenir et le gouverner sa vie durant, l'hôpital de cent fonts qui leur appartenait, ainsi que les terres et possessions dudit hôpital et aussi le rectorat dudit hôpital et de ses dépendances; plus tard, lesdits Aymard et Pierre, chevaliers, et ledit Eustache, damoiseau, ont fait donation, en aumône perpétuelle, au monastère d'Ainay, dudit hôpital avec ses terres, possessions et autres appartenances; attendu que ledit Pierre, comparaissant devant nous, reconnait qu'il en est ainsi : ledit Pierre, clerc, conscient et volontairement, libère, acquitte, cède, concède et donne également audit monastère d'Ainay, par donation irrévocable entre vifs, tous les droits qu'il a ou peut avoir, sa vie durant, sur ledit hôpital et sur ses terres, possessions et dépendances de tout genre, sur les fruits et produits de la concession à lui faite par lesdits chevaliers et damoiseau à raison de ladite rectorie ou pour

quelque autre motif ; il tient quitte ledit couvent de toutes
les dépenses et améliorations qu'il y a faites, promettant par
serment prêté en personne sur les saints Évangiles de
Dieu, etc... ut supra. Ledit Pierre, clerc, déclare avoir
reçu du couvent une juste compensation *recompensationem*)
en raison desdites remises. En témoignage de quoi, sur la
demande dudit Pierre, clerc, nous avons fait apposer notre
sceau sur les présentes lettres.

« Donné l'an du Seigneur MCCLXXII, mois de mai. »

Grand Cartul., id. II, 11 et 12.

Délégation d'un frère à l'hôpital de St-Fons.

« Nous, frère Humbert, par la grâce de Dieu et du siège
apostolique, abbé d'Ainay, et tout le monastère dudit lieu,
à tous ceux qui les présentes lettres verront, faisons savoir
que : la maison et la chapelle de l'hôpital de cent-fonts
de centum fontibus qui nous appartient de plein droit à
nous abbé et couvent, ayant été longtemps sous l'administration, la garde et la direction de personnes séculières,
il est arrivé que, si l'on ne remédie promptement aux réparations et constructions de ce lieu, et si l'antique hospitalité
usitée audit lieu n'est pas rétablie, ledit lieu, voué à une
ruine évidente, pourra disparaître et devenir un désert, au
grand péril de nos âmes et au détriment considérable de
notre susdit monastère. Donc, désirant éviter un scandale
et danger semblable, à ces causes, dans notre chapitre
siégeant spécialement, après en avoir délibéré avec nos
frères présents, de leur avis et entier consentement, nous
avons délégué le pieux et diligent frère Jean Dulcis, prieur
claustral de notre monastère, aux soins de la maison, de la
chapelle, des revenus, des biens et dépendances de toute
sorte appartenant à cette maison, à l'effet de réparer et
aménager ledit lieu et pour exercer l'hospitalité qui y est
pratiquée depuis longtemps ; pleinement confiants, dans le
Seigneur, que par les soins et l'habileté personnelle dudit
frère Jean, ledit établissement, avec l'aide de Dieu, prendra
un heureux accroissement. Et ledit frère Jean nous a parti-

culièrement promis, de bonne foi, qu'il apportera toute la
diligence possible à tout ce qui concerne la réparation, la
construction et les devoirs de l'hospitalité. Néanmoins, nous
abbé susdit, nous ne voulons pas qu'en vertu de la teneur
de ladite délégation, il arrive plus tard à notre susdit couvent un préjudice quelconque par suite de la mort dudit
frère Jean ou de son départ pour un autre lieu ; en quel cas,
cet établissement reviendrait de plein droit et en toute propriété à notre couvent, quel que soit le cas qui se présente.
En foi de quoi, nous, abbé, et couvent susdit, avons fait
apposer notre sceau sur les présentes.

« Donné l'an du Seigneur 1309, le 25 janvier. »

Cartul. d'Ainay, II, 238.

Testament de Mary Symon, citoyen de Lyon : « A l'hôpital de *centum fontibus* XII den. vienn. je donne et
lègue » août 1257.

Guigue, mém. Soc. litt., 1876.

Testament d'Eustache de Bron, damoiseau : A l'hôpital
de *centum fontibus* : « je donne et lègue un lit garni de
matelas, oreiller, deux draps, etc... »

Ob. église métrop. de Lyon, 132.

« Frère Sibuet de Pise, moine d'Ainay, était, en 1354,
custode ou gardien de l'hôpital de St-Fons. »

Guigue, mém. de la Soc. litt., 1876. p. 249.

Nous pouvons, par l'analyse de ces documents, si peu
précis qu'ils soient, ébaucher l'histoire de l'hôpital de
St-Fons.

Il est déjà connu en 1257, car à cette date, Mary Symon,
citoyen de Lyon, lui fait un legs. D'autre part, l'acte
de 1271 mentionne qu'il existe de temps immémorial
(*a tempore de quo non extat memoria*). Cela suppose
trois ou quatre générations, c'est-à-dire au moins cent ans.
L'origine de l'hôpital devrait donc être reportée à la
seconde sinon à la première moitié du XIIe siècle.

Il avait, d'après ce même acte de 1271, été fondé par les ancêtres des seigneurs de Bron. Ces derniers paraissent avoir été une branche de la famille de St-Symphorien-d'Ozon ; nous savons, au moins, de source certaine, que Josselin était, en 1248, seigneur de Bron et de St-Symphorien-d'Ozon ; par conséquent, la fondation de l'hôpital serait due à la bienfaisance des membres de cette famille. Notons en passant que les seigneurs de Bron jouissent en 1271 de droits féodaux sur la paroisse de Venissieux, et que, même après la donation, ils ne se désintéressent pas de l'hôpital puisque Eustache de Bron lui fait encore un legs en 1301.

Il était situé près du Rhône et *près des Charrières chemins*. La première indication, prise isolément, est trop vague ; la deuxième mérite d'être étudiée. Il y avait alors, à St-Fons, trois chemins : le premier, compendium, raccourci de Vienne, longeant le Rhône et antérieur, d'après Strabon, à la conquête romaine. C'est aujourd'hui le chemin de Gerland et son prolongement jusqu'à St-Fons et au delà ; il fut abandonné à la suite de la désastreuse inondation du Rhône vers 280 qui renversa les tombeaux romains qui le bordaient jusqu'à Champagneu, entre autres le beau mausolée d'Acceptius, retrouvé en 1870, rue de Marseille, sur l'emplacement de l'ancienne Vitriolerie. Il fut alors reporté plus à l'Est, son origine fut à la Madeleine ; c'est à présent la route de Vienne, redressée à une époque moderne comme le prouve encore l'alignement de certaines maisons, surtout du côté oriental de cette route.

Il y avait encore un troisième chemin, qui, partant du Treyve trivium de *la Vieille-Morte*, aujourd'hui croisement du chemin Vinatier et de la route d'Heyrieu, allait rejoindre à la Croix de St-Fons la voie Bouveresse ;à présent : rue Carnot, mentionnée, en 1479, dans le procés-verbal de délimitation du mandement de Béchevelin. Or dans le plan *Bouchet fecit 1702* qui accompagne ce procés-verbal de délimitation, figure, à l'angle de l'ancien Compendium et de la voie Bouveresse, un édifice désigné sous le nom de

Grange Capellard (1) ; au vieux plan conservé à la mairie
de la Guillotière, et réédité en 1884, la grange Capellard
est devenue Bussillet ; elle est alors couverte de hachures,
indiquant, sans doute, un bâtiment en ruines. Serait-ce
l'ancien hôpital ? Il se trouverait, en effet, à l'angle des
deux charrières (chemins) et presque à égale distance de la
3ᵐᵉ et du Rhône. Mais si ce bâtiment était en ruine il
y a deux siècles, il est inutile d'en rechercher aujourd'hui
les traces.

Un peu plus au Nord se trouve un domaine appelé la
grange d'Ainay ; les hospices, qui en étaient propriétaires
et qui l'ont partiellement aliéné en 1907, n'ont pu trouver
l'origine de cette propriété. Il est intéressant de savoir que
Monsieur de Jarente, dernier abbé d'Ainay, a légué tous
ses biens à la Charité. La grange d'Ainay provenait-elle de
son hoirie ? Était-ce, sinon l'ancien hôpital, car ses constructions sont relativement modernes, du moins l'emplacement sur lequel il était bâti ?

Comme la plupart des hôpitaux du moyen-âge, celui de
St-Fons avait douze lits en l'honneur des douze apôtres ;
parfois il s'en trouvait treize, alors en l'honneur de Jésus-
Christ et de ses apôtres. Il est probable qu'au lieu de
numéroter les lits, comme nous faisons à présent, chacun
d'eux était désigné par le nom d'un apôtre. Celui de Jésus-
Christ devait être réservé au recteur ou aux prêtres
passants, car, si étrange que cela paraisse, même au
xviiiᵉ siècle alors que les deux tiers de la ville étaient
occupés par des communautés religieuses, il y avait à l'hôpital des passants une chambre de trois lits pour les prêtres ;
le : *clericus clericum non decimat* était encore en vigueur
parait-il ; les prêtres étrangers, ne trouvant pas toujours
asile dans les monastères, couchaient à l'hôpital.

---

(1) C'est peut-être une simple coïncidence, mais il n'est pas impossible que le nom de *Grange Capellard* ait été donné parce que la
chapelle de l'hôpital s'y trouvait encore, utilisée pour un service quelconque de la ferme.

A l'époque où les seigneurs de Bron étaient encore propriétaires de l'hôpital de St-Fons, c'était un prêtre qui en était recteur, et ses fonctions devaient lui procurer certains avantages puisqu'il ne les céda que moyennant une compensation. Les chanoines d'Ainay le remplacèrent par des laïques et l'expérience fut malheureuse, car, trente-sept ans après que l'hôpital leur eut été remis, il tombait en ruines ; il fallut déléguer un frère pour le réparer et rétablir l'hospitalité qui avait cessé. Frère Jean Dulcis dut s'acquitter de ses fonctions comme il s'y était engagé ; l'hôpital, qui menaçait ruines en 1309, était encore debout en 1364 sous la direction de frère Sibuet de Pise. C'est la dernière fois que l'hôpital de St-Fons est mentionné.

Nous sommes à présent fixés, approximativement au moins, sur l'histoire de l'hôpital de St-Fons, sur l'époque de sa fondation et le nom de ses fondateurs, sur sa situation, sur l'administration qui en avait la charge. Nous connaissons le nombre de lits qu'il tenait à la disposition des pauvres ; il nous resterait à fixer la date de sa disparition. Elle fut postérieure à 1354, mais probablement de peu d'années. On a vu qu'à cette époque la France, notre province en particulier [1], était ravagée par les bandes des Tards-Venus ; n'ont-ils pas saccagé l'hôpital ? D'ailleurs, à ce moment, la construction du pont de la Guillotière a déplacé la population qui s'est portée de ce côté, et, l'hôpital de St-Fons, n'ayant plus d'utilité, a pu disparaître sans soulever des protestations bien vives. Les domaines et revenus, qui servaient à son entretien, sont allé accroître les biens du chapitre !

On pourrait nous accuser d'avoir, sur les ordres religieux de cette époque, une opinion peu bienveillante. Pour nous excuser il nous suffira de citer ce passage d'un auteur non suspect sur ce point, Monsieur l'abbé Vachet :

« Ces grandes richesses furent la source d'une lamentable décadence. Les revenus de l'abbaye sont au pillage,

---

(1) Voir ci-dessus hôpital de Béchevelin.

et détournés de leur destination pieuse, les dignitaires n'ont plus souci de l'exercice de leurs charges; l'aumônier s'applique à lui-même l'argent qu'il doit distribuer aux pauvres, l'infirmier ne fournit plus ni soins ni remèdes aux malades, le devoir de l'hospitalité envers les voyageurs nécessiteux s'est transformé en banquets offerts à des amis. Les simples moines suivent l'exemple des dignitaires; ils se sont attribués des pensions, ils ont des chevaux et des domestiques; de la vie religieuse ils n'ont pas même conservé l'habit, ils dépouillent la robe monacale, sortent de leur cloître, courent la ville en habits séculiers, hantent les tavernes et les cabarets, et ceux qui sont placés dans des prieurés à la campagne viennent à la ville manger joyeusement l'argent de leurs maisons. » (1).

HÔPITAL DE GUINAND

L'hôpital de Guinand existait à la fin du XIIe et au début du XIIIe siècle; nous en trouvons la preuve dans les Testaments suivants :

« 1176 (circa) Etienne de Rochetaillée lègue « *hospitali Guinand* » une ânée de seigle et une de vin ». *Valentin Smith. bibl. Dumb.*, II, 44.

En 1225, Etienne, chapelain d'Anse, lègue « *Hospitali Guinandi* », cinq sous. *Cart. lyonn.*, I, 283..

Guillaume de Colonges, vers 1225, lègue » *Hospitali Guinandi* », dix mornantaises de seigle. *Ibid.*, 286.

Enfin Renaud de Forez, archevêque de Lyon, par son testament du 16 octobre 1226, lègue « *Hospitali Guinand* », dix livres fortes. *Obit. de l'Egl. métr.*, 203.

A cela se borne tout ce que nous savons de certain concernant l'hôpital de Guinand. Son origine, le nom de son fondateur, sa destination nous sont absolument inconnus; nous ignorons même en quel point de la ville ou de la

---

(1) Vachet. Les anciens couvents, etc..., p. 38.

banlieue il était situé. Les recherches de M. C. Guigue [1] à
cet égard ont été infructueuses, et, personnellement, je n'ai
pu trouver qu'une seule pièce dans laquelle le nom de
Guinand est associé à celui d'hôpital. Il s'agit d'un litige
entre l'église de Saint-Just d'une part, Guillaume d'Oullins,
Arnoulfie de Colonges et Guillaume de Villeurbanne d'autre
part, au sujet de terres léguées à l'église. Dans ce document
on lit cette phrase : *« donnus quas tenebant Guinandus et
Champaneus et ultra Rhodanum terras apud hospitale et
apud* chaucioni 2. »

On voit que ce texte n'a rien de précis, mais comme la
léproserie de la Madeleine et le territoire qui l'avoisinait
étaient du ressort de la paroisse de Saint-Michel d'Ainay,
il semble bien qu'il faut plutôt le situer sur la paroisse de
Chaussagne qui comprenait la plus grande partie du
mandement de Béchevelin.

Steyert, dans son *Histoire de Lyon* nous renseigne très
complètement sur cet hôpital et sur son emplacement et
même sur sa destination. Il est vrai que, suivant son habi-
tude, il ne dit pas sur quels documents il base son opinion ;
il faut donc lui en laisser l'entière responsabilité et se
contenter de le citer textuellement :

« La tête du nouveau pont fut d'abord établie sur un
point correspondant au flanc méridional de l'église actuelle
de l'Hôtel-Dieu, tandis que son débouché sur la rive gauche
aboutissait à la place actuelle de la Mairie. On construisit
pour protéger ce débouché un château semblable à celui de
Béchevelin et bâti comme lui sur une éminence artificielle
qui lui fit donner le nom de la *petite Motte*, par opposition
au château de La Motte existant plus loin. On établit, de
plus, un hôpital à chacune des extrémités : celui de la rive
droite est devenu notre Grand Hôtel-Dieu, mais alors il
n'occupait que l'emplacement de l'église actuelle et le claustral attenant dont la cour servait de cimetière. L'hôpital de

---

1. N.-D. de Pire, etc., p. 96.
2. Cartul. lyonn., I, 199.

la rive gauche se nommait *en Guinand* (pour : chez Guinand) du nom d'un propriétaire sur le terrain de qui il fut bâti, dans la rue des Passants, ainsi nommée plus tard, parce que cet hospice resta jusqu'à nos jours attribué à sa destination primitive, qui était de recueillir les voyageurs qui n'avaient pas le temps d'entrer en ville avant la fermeture des portes (1) ».

Quelle que soit l'autorité de l'éminent historien lyonnais il est difficile d'admettre de semblables assertions surtout quand elles sont absolument dénuées de preuves. Ce pont biais allant du point où se trouve aujourd'hui le grand dôme à la place de la Mairie aurait singulièrement gêné la navigation alors très active du Rhône. Quant à l'assimilation qu'il fait de l'hôpital de Guinand avec celui des Passants, elle est certainement erronée. Lorsque les échevins achetèrent, vers 1660, la maison du sieur Faure (2) pour y établir l'hôpital permanent des Passants, après qu'ils eurent été obligés d'abandonner l'établissement temporaire créé dans la maison du sieur La Sablière, ils avaient cherché dans tout le quartier un local approprié à leurs besoins ; or, il n'est fait aucune mention d'un hôpital ancien existant sur la rue actuelle des Passants, et Steyert lui-même se contredit car, quelques pages plus loin, il figure l'hôpital des Passants et celui de Guinand placés presque côte à côte, mais celui de Guinand plus au Nord.

L'opinion de Steyert me parait donc de tous points inadmissible, et, comme conclusion, je dirai que si l'existence de l'hôpital de Guinand est indéniable, sa situation reste complètement inconnue ; tout au plus peut-on soupçonner qu'il se trouvait sur la rive gauche du Rhône.

HÔPITAL DE SAINT-IRÉNÉE.

Parmi nos anciens hôpitaux, généralement si mal connus, il en est peu qui aient donné lieu à autant d'erreurs que

---

(1) Steyert. *Hist. de Lyon*, etc., tome II, p. 351.
(2) Drivon. *Les anciens hôpitaux de Lyon*, l'hôpital des Passants, 1905.

l'hôpital Saint-Irénée. On l'a presque toujours confondu avec l'hôpital de Saint-Just ou de Trion, et Niepce l'a même placé sur la côte Saint-Sébastien.

Ce qu'on sait de cet hôpital peut se résumer en quelques lignes : il était situé au Sud-Est et à peu de distance de l'église, il reçut des legs en 1225 et en 1226 [1], et fut incendié par les Lyonnais en décembre 1270, au cours de la lutte contre le pouvoir ecclésiastique. On a dit encore que sa chapelle était dédiée à saint Michel ; or il résulte d'une inscription lapidaire qu'on trouvera plus loin que c'était l'hôpital de Saint-Just qui était sous le vocable de saint Michel.

À défaut de renseignements sur l'origine et la destination de cet hôpital, donnons au moins quelques détails sur la cause qui amena sa destruction.

Les Lyonnais avaient gardé souvenir de la liberté dont ils jouissaient sous la domination romaine ; le pouvoir des archevêques et celui du chapitre furent toujours très impatiemment supportés. Maintes fois ils se révoltèrent et au XIIIe siècle surtout ces luttes furent particulièrement acharnées. En 1268, les chanoines ayant fait emprisonner quelques bourgeois, les corporations s'unirent, s'emparèrent du château de Béchevelin et des tours qui défendaient le pont de Pierre sur la Saône, cernèrent le château de Pierre-Scize et vinrent attaquer le cloître de Saint-Jean. Ce cloître, entouré et dominé par des maisons particulières, ne pouvait être défendu ; les chanoines se réfugièrent dans celui de Saint-Just qui était une véritable forteresse et là, avec l'aide des vassaux de l'église, ils résistèrent victorieusement à tous les assauts.

Les Lyonnais se vengèrent de leur insuccès sur les domaines du chapitre. Cuire et Couzon furent dévastés, Ecully également et là ils brûlèrent dans l'église où ils

---

[1] Étienne, chapelain d'Anse (vers 1225) : « *Hospitali St-Irenæi*, V sol. » *Cartul. Lyonn.*, I, p. 283

De Renaud de Forez, arch. de Lyon (16 octobre 1226) : « *Hospitali St-Irenæi*, XV sol. fort. » *Obit. de l'Egl. métrop.*, p. 203.

s'étaient réfugiés : les hommes d'armes leurs ennemis en même temps que les habitants et le curé. De là ils se portèrent sur le faubourg de Saint-Irénée dont ils brûlèrent l'hôpital et aussi quelques maisons avoisinantes : » Si est, dit Paradin, qu'ils meirent le feu en l'hospital et maison Dieu de Sainct-Iregny et bruslèrent les maisons contiguës (1) ».

Il est plus que probable que l'hôpital ne fut jamais rétabli ; au moins, il est certain qu'il n'existait pas en 1592. On en trouve la preuve dans les documents suivants :

« 1592, revendication au profit du Grand Hôtel-Dieu des biens de toute nature affectés au service de l'hôpital des passagers qui avait été fondé dans le fauboug Saint-Irénée. » *Arch. départ., B B, 129.*

« 1592-97. Conseil donné aux recteurs de faire rechercher les titres de fondation de l'ancien hôpital de Saint-Irénée-les-Lyon pour le rétablir afin que les pauvres de ce quartier puissent tirer quelque soulagement de l'hôpital sus-dit. » *Arch. de la Char. E, 26-27.*

« 10 octobre 1593.... fut résolu qu'on distribuera l'aumône aux pauvres du faubourg Saint-Irénée attendu la grande nécessité qu'ils en ont et ce jusqu'à Noël prochain sans tirer à conséquence et à la charge que le capitaine Chamorey et autres notables de Saint-Just feront perquisition de trouver les *renseignemens de ce qui peult compéter à l'hospital qui soulloit être au dict Saint-Irénée pour retirer les paoures et en donner son advis aux sieurs recteurs de la diete aumolne.* » *Arch. de la Char. reg. des délib. imp., p. 345.*

On n'a jamais retrouvé aucun titre concernant les propriétés ou rentes affectées à l'entretien de l'hôpital de Saint-Irénée. Ils avaient pu disparaitre dans l'incendie ; mais ceux qui en avaient la jouissance, il faut bien aussi le reconnaître, avaient intérêt à les dissimuler et même à les détruire.

---

(1) PARADIN. *Mémoires de l'hist. de Lyon*, p. 152.

HOPITAL DE SAINT-JUST OU DE TRION

(Hôpital Saint-Michel).

L'hôpital de Saint-Just ou de Trion fut peut-être un de ces asiles que, dans les premiers siècles de l'Eglise, la piété des fidèles élevait dans le voisinage des basiliques pour recueillir les pauvres et les passants; il daterait alors du IVe ou du Ve siècle. Le P. Bullioud, dans son *Lugdunum sacro-prophanum*, lui attribue une très haute antiquité. mais sans donner, à cet égard, aucune indication précise : « A la porte du Triomphe ou Triomphale, dit-il, fut un hôpital ou asile d'étrangers *xenodochium* dont personne ne peut indiquer l'origine... La chapelle de ce très ancien hôpital *Antiquissimi*), et la maison avec le jardin, était, dit-on, dédiée à saint Sébastien ». Sans contester cette antique origine il nous faut bien reconnaître qu'il n'est cité dans aucun texte antérieur à 1225.

Comme nous l'avons fait jusqu'ici, nous réunissons en un seul groupe, quelle que soit leur date, les divers testaments dans lesquels il est mentionné :

Test. d'Estienne, chapelain d'Anse, vers 1225; hospitali Saint Justi : V sol *(Cart. Lyon.,* I, 283).

Test. de Renaud de Forez, archevêque de Lyon, 16 oct. 1226 : hospitali Sancti Justi, XL sol. fort. *(Obit. de l'Egl. metrop.,* 203).

Test. d'Armelle, de Collonge, doyen de l'Egl. métropolitaine, sept. 1250.

Operi hospitalis Sancti Justi : XX s. viennois *(Obit.,* idem... 228).

Test. de Giron de Rontalon, obéancier de Saint-Just, mars 1280; hospitali de porta de Trionz, percipiat et habeat de dictis sexaginta solidis unam libram annuatim.
(Cart. Lyonn., II, 439).

Test. d'Anselme de Dorche, professeur de droit, le 30 novembre 1334 : « hospitali sancti Justi, quod est ultra

sanctum Irenœnum Lugduni, quod reedificavit Guyonetus
de Mura, do, lego semel duodecim denarios viennenses cui-
libet pauperi jacenti in eodem. »

(Le Laboureur, t. 1, 477).

Test. de Benoîte Chol, veuve et héritière de feu vénérable
Jean de Bames, docteur en droit, donne... hospitali Sancti
Justi XX Florenos, pro pitentia (*id.*, t. 1, 476).

A ces legs dans lesquels l'hôpital de Saint Just est no
minalement mentionné, on en pourrait, sans doute, ajouter
bien d'autres, car la formule ordinaire des testaments est :
singulis hospitalibus lugdunensibus... do, lego.

De ces diverses pièces nous pouvons conclure seulement
que pendant 250 ans au moins les chanoines de Saint-
Just s'acquittèrent de leurs devoirs d'hospitaliers ; on n'en
saurait dire autant de certains autres ordres religieux.
Nous y voyons de plus que l'hôpital avait été réédifié
antérieurement à 1334. Revenons maintenant à l'étude
des documents qui nous permettront d'esquisser l'histoire
de l'hôpital de Saint-Just.

En 1249, le pape Innocent IV, alors à Lyon, où il s'était
réfugié pour échapper aux poursuites de l'empereur Fré-
déric, accorda des indulgences en faveur de l'hôpital de
Saint-Just, qui était administré par une femme. Voici la
traduction de ce document :

« Notre chère Fille en Jésus-Christ, la maîtresse de
l'hôpital de Saint-Just de Lyon (*magistra hospitali sancti
Justi Lugdunensis)* nous ayant exposé que les ressources
particulières de cet hôpital étaient insuffisantes pour subvenir aux besoins des pauvres qui y affluent, nous vous
prions, supplions et exhortons tous, au nom du Seigneur,
en vue de la rémission de vos péchés, de donner dans ce
but, en les prélevant sur les biens que Dieu vous a accordés
de pieuses aumônes et des secours précieux de charité,
afin que par votre aide vous portiez remède à la détresse
de cet asile, et que, par ce moyen et autres bonnes œuvres

accomplies par l'inspiration divine, vous puissiez **parvenir**
aux joies de l'éternelle félicité (1) ».

En 1313, le vieil hôpital tombait probablement en ruines ; il fut relevé aux frais de Guyonet de Mure ou de la
Mure, d'une ancienne famille beaujolaise ou forézienne qui,
d'après le *Laboureur*, avait déjà donné un aumônier au
monastère de l'Ile-Barbe (2). Ce fut sans doute alors que le
vocable de Saint-Sébastien fut remplacé par celui de Saint-
Michel.

La période de 1340 à 1370 nous intéresse particulièrement. En 1344, le 13 mai, Guy de Chauliac, le célèbre chi-
rurgien, est nommé chanoine de Saint-Just ; le 18 août
1359 il rend hommage, comme chanoine et prévôt du chapitre, à l'archevêque Guillaume de Thurey ; il renou-
velle le même hommage le 16 janvier 1368 à Charles d'A-
lençon, et plus tard à Reynaud de Thurey, archevêque de
Lyon. Je ne puis que renvoyer le lecteur à l'excellente
notice du docteur Humbert Mollière (3) dans laquelle il
trouvera de nombreux détails sur Guy de Chauliac. Rete-
nons toutefois ce point intéressant, qu'il fut « en 1367,
sous l'archevêque Jean de Talaru, désigné comme hoste-
lier, c'est-à-dire directeur du petit hôpital que le chapitre
de Saint-Just entretenait pour les malades et les voyageurs
en remplacement d'un prédécesseur indigne : *brigosus et
lusor* (4) ». Il ne conserva pas longtemps cette fonction,
car il mourut le 23 juillet 1368 « très probablement à Lyon,
peut-être même dans les environs, et fut inhumé vraisem-
blablement dans le cimetière des prêtres à Saint-Irénée,
suivant le désir qu'il en avait manifesté et dont on a **la**
preuve écrite (5).

Le docteur Florence a reproduit dans le *Livre du cen-*

(1) Cartul. lyonn., I, 545.

(2) *Le Laboureur*, I, 418, 465, 467.

(3) H. Mollière. *Guy de Chauliac et la bataille de Brignais*, 1894,
p. 13 et 14.

(4) H. Mollière, p. 15.

(5) *Ibid*.

tenaire de la Société de pharmacie de Lyon deux curieuses miniatures empruntées à un manuscrit de l'*Antidotaire* de Guy de Chauliac, conservé à la Bibliothèque nationale (n° 6966). Dans la première on voit « Guy de Chauliac enseignant à ses élèves, en présence de Galien, d'Avicenne, d'Hippocrate », dans l'autre « une officine de cette époque identique aux beaux spécimens des plus anciennes pharmacies que nous pouvons encore admirer ici : celles de la Charité, des hôpitaux de Beaujeu, de Belleville ou de Villefranche... Cette miniature est la plus ancienne reproduction de pharmacie connue. Elle représente à n'en pas douter, la pharmacie du couvent de Saint-Just, car on y aperçoit par une fenêtre les murs fortifiés, une tour carrée de l'enceinte du couvent, et plus loin le coteau de Saint-Irenée, avec des arcades qui paraissent être les aqueducs, exactement comme on les verrait de l'emplacement où était la célèbre église de ce couvent. L'artiste a représenté le maître donnant ses leçons dans l'église de Saint-Just sans doute (1) ».

L'hôpital de Saint-Just figure dans le plan scénographique de Lyon dressé vers 1550, ce qui nous permet de fixer approximativement son emplacement. Il semble avoir occupé le triangle formé aujourd'hui par la rue des Anges, la rue de Trion et le chemin de la Demi-Lune (2).

Le 1ᵉʳ mai 1562, la ville de Lyon fut prise par les protestants qui, le lendemain, s'emparèrent du cloître fortifié de Saint-Just et y commirent d'épouvantables ravages. De ces magnifiques constructions sur lesquelles Saint-Aubin nous a donné de si minutieux détails (3) il ne resta rien que des ruines. Le cloître fut saccagé, l'hôpital détruit, et les commissaires royaux nommés par Charles IX (4) éva-

---

(1) *Le Livre du Centenaire*, etc., p. 95

(2) Au plan de 1550 l'hôpital de Saint-Just est indiqué à côté et à droite de la porte de Trion. Aujourd'hui la porte semble avoir été déplacée : elle n'est plus sur le prolongement de la rue des Anges.

(3) Saint-Aubin *Histoire ecclésiastique*, p. 347.

(4) Destruction de l'église de Saint-Just, du cloître et d'une partie du faubourg par les protestants en 1562. Enquêtes et procès-verbaux. Lyon, 1878.

luèrent les pertes éprouvées par le chapitre à la somme de
150.000 livres, pour les constructions seulement, sans
compter la disparition d'une très grande quantité d'objets
d'art d'une valeur inestimable.

Il est bien probable que l'hôpital ne fut jamais rétabli et
que l'œuvre d'assistance qu'il remplissait retomba à la
charge de l'Hôtel-Dieu, qui fonda, plus tard, pour cet
usage, l'hôpital des Passants, à la Guillotière. En effet, en
1592 « les recteurs informés que des personnes malinten-
tionnées retiennent les titres, actes et documents relatifs
aux rentes qui dépendent de l'hôpital de Saint-Just, et qui
maintenant font partie du patrimoine de l'Hôtel-Dieu, ar-
rêtent qu'ils se transporteront eux-mêmes sur les lieux
pour prendre des informations si précises que le fait de
détention ne puisse être révoqué en doute » (1). Vaines recherches sans doute ; avec l'hôpital avaient disparu ses
titres de rentes et de propriétés, et l'Hôtel-Dieu dut as-
sumer les charges de cet établissement, sans recevoir en
échange la moindre indemnité.

Seule la chapelle de l'ancien hôpital fut reconstruite ;
nous en trouvons la preuve dans une inscription décou-
verte par un amateur de nos antiquités lyonnaises (M. Tis-
sot) sur une pierre scellée dans un mur de la cour d'un
restaurant à Saint-Just, et dont voici la traduction : « A la
mémoire éternelle du fait. Cet édifice, autrefois consacré à
Saint-Michel-Archange, fut détruit de fond en comble par
la rage et l'impiété des hérétiques, en l'an du Seigneur
1562 ; fut réédifié par la piété, la vigilance et aux frais de
Claude Pinar, chanoine de Saint-Just, recteur moderne de
cette église, en 1627. »

HÔPITAL SAINT-LAZARE.

Cet hôpital établi dans le couvent des Lazaristes, montée
St-Barthélemy, appartient à la période révolutionnaire. Je
présume, mais c'est seulement une hypothèse, qu'il fut créé
pour donner un asile aux malheureux que le bombardement

avaient chassés de leurs domiciles ravagés ou incendiés par les projectiles de l'armée assiégeante.

Le personnel assisté par cet hôpital était considérable, et dépassa parfois 500 individus. On y trouvait des vieillards, des femmes et des enfants, même des ménages complets. On dut aussi y admettre, et probablement en proportion notable, des malades et des blessés que l'hôpital des Deux-Amants, qui remplaçait alors l'Hôtel-Dieu devenu inhabitable, ne pouvait recevoir à raison de l'exiguïté du local. Enfin, outre la population, qui y trouvait asile, il suppléait l'hospice de la Charité pour la distribution de pain aux indigents, et de ce fait, il secourait plusieurs centaines de malheureux.

L'importance de cet établissement était donc considérable et cependant il semble avoir échappé à l'attention de nos historiens locaux dont quelques-uns seulement lui ont accordé une simple mention.

La notice concernant cet hôpital ne peut donc être constituée qu'à l'aide des documents officiels, c'est-à-dire des délibérations des corps municipaux. Le premier document qui s'applique à cet établissement est le suivant : « Extrait du registre des délibérations du corps municipal de Ville Affranchie en date du 12° jour du second mois de l'an 2 (2 nov. 1793) de la République Françoise une indivisible et démocratique :

« Un membre du comité des établissements publics ayant présenté un tableau de situation des hôpitaux établis à St-Lazare et St-Louis.

« Le corps municipal délibérant a arrêté que l'administration de ces deux hôpitaux serait réunie à celle de l'hôpital général jusqu'à l'entière suppression et que l'hôpital général liquiderait ce que ces deux maisons doivent, qu'en conséquence on fera placer les malades dans la maison de l'Hôtel-Dieu à mesure qu'il y aura des places.

« Arrête de plus que le secrétaire greffier est chargé de donner au bureau de l'Hôtel-Dieu connaissance du présent arrêté.

« Et ont signé les citoyens Maire et officiers municipaux présents à Ville Affranchie en la maison commune les jours et an que dessus. »

Pour expédition conforme (1) :

Ricou, secrétaire-greffier de la municipalité.

12 Brumaire-2 Novembre

(Cachet ovale cire rouge de 30 m/m environ ; au centre La/Loi entouré d'une couronne de chêne d'une médiocre exécution, autour : municipalité de Ville affranchie).

Pour la partie de cet arrêté qui concernait l'hôpital St-Louis, simple ambulance d'une trentaine de lits, l'exécution ne devait pas présenter de difficultés. Je pense même que la plupart de ceux qui s'y trouvaient, se hâtèrent de quitter cet abri peu sûr, où leurs blessures, leur présence même prouvaient, sans contestations possibles, qu'ils avaient pris les armes contre la République et les désignaient à la rigueur des Tribunaux révolutionnaires.

Il en était autrement pour l'hôpital St-Lazare ; on ne pouvait sans inhumanité jeter hors de cet asile des malheureux sans domicile et sans ressources. L'arrêté fut donc rapporté quatre jours après :

Séance du 16 brumaire, an II 6 novembre 1793.. « Sur le rapport d'un membre du comité des établissements publics et les nouvelles observations qu'il a présentées relativement aux maisons d'hospices dites de St-Lazare et de St-Louis, le conseil municipal vu l'urgence et, sans avoir égard au dernier article de son arrêté du 12 de ce mois relatifs aux susdits établissements, décrète qu'il sera accordé une somme de 1200 livres prise sur le caissier de la commune pour subvenir aux besoins pressants de l'hôpital St-Lazare, se référant pour le surplus au précédent arrêté sus désigné.

« Fait et clos les jours et an susdits 2. »

(1 Archives de l'Hôtel-Dieu.

(2. Procès-verbaux des séances des corps municipaux de la ville de Lyon. Tome IV.

Dès lors, et pendant plusieurs mois le même spectacle se reproduit : la municipalité prend des arrêtés par lesquels elle suprime l'hôpital qui subsiste malgré tout jusqu'au moment où l'on en vient à des procédés radicaux ; placement des malades à l'Hôtel-Dieu, des femmes et des enfants à la Charité et des ménages dans des logements réquisitionnés à cet effet.

C'est l'histoire de cette lutte que l'on constate dans les procès-verbaux que je rapporte et qui donnent parfois d'intéressants renseignements sur l'hospice et la population qu'il secourait.

Séance du 7 nivôse an II (27 décembre 1793. « Sur l'exposé du citoyen Perret, membre du comité des établissements publics, qui réclame des secours pour les infortunés existant dans l'hospice dit St-Lazare.

« Le conseil arrête que les individus étant dans cet établissement sont tous infirmes et vieillards, munis de certificats des comités révolutionnaires de leurs sections, il sera délivré, pour venir à leur secours, un mandat sur la caisse de la commune, de la somme de 1200 livres, entre les mains des administrateurs dudit hospice, qui en rendront compte.

« Arrête de plus que les citoyens Lefèvre, agent national de la commune, et Arnaud-Tizon, officier municipal, s'adjoindront au citoyen Perret pour visiter ledit hospice et aviser au moyen de le supprimer promptement s'il est possible, et qu'ils seront chargés de faire au conseil un rapport à cet effet. »

Séance du 3 pluviôse, an II (22 janvier 1794. « D'après le rapport d'un membre du comité des Établissements publics sur l'hospice dit de St-Lazare, duquel il résulte qu'il y a dans cet hospice *106 individus y compris 28 malades ou infirmes et 3 personnes employées au service de la maison, ce qui compose en tout 45 ménages dont les uns sont logés audit hospice et ont besoin de secours, les autres qui y sont logés, n'ont besoin que de logement, outre 360 qui sans y être logés en tirent des secours à titre de vieil-*

lards et d'infirmes, et dans lequel rapport ce citoyen demande au conseil qu'il soit statué à cet effet ; qu'autrement il faudrait faire à ce moment des dépenses considérables pour fournir à des besoins pressants.

Le conseil après avoir délibéré..., arrête :

1° Que le comité de police chargera les comités révolutionnaires des sections de trouver le plus tôt possible dans leurs arrondissements respectifs des logemens pour 45 ménages ;

2° Que quant aux malades et aux infirmes ils resteront provisoirement dans cet hospice jusqu'à ce qu'il y ait de la place dans l'hospice général des malades pour les recevoir. »

Séance du 11 pluviose an II 30 janvier 1794. « Un membre du même comité police expose que le citoyen concierge de l'hospice où sont les prisonniers malades 1 est mort, et que cet hospice manque de bois et de charbon de terre pour le chauffage et les besoins de la maison. ».

« Sur quoi le conseil arrête :

1° Qu'il nomme le citoyen Etienne Siboulet pour remplir les fonctions de concierge de l'hospice dit Saint-Lazare, 2° qu'il sera délivré à cet hospice la valeur d'un moule de bois pris dans les chantiers de la commune et *provenants* des démolitions, ainsi que 20 bennes de *charbons* de terre qui seront pris dans la section ».

Séance du 23 pluviose 11 février 1794. « Sur l'exposé fait par un membre de la pénurie extrême où se trouve l'hospice dit de Saint-Lazare, des choses mêmes les plus nécessaires, et sur sa demande au conseil de venir au se-

---

1) Je ne me suis pas cru autorisé à faire une correction dans le texte officiel des Délibérations du Conseil municipal. Cependant il est extrémement probable qu'il y a ici une erreur. Les malheureux secourus à St-Lazare n'étaient pas des prisonniers : au contraire, l'Hôpital des des Récollets ou de la « Régénération » situé à côté du premier était une véritable prison. Cette délibération doit donc, à mon avis, être reportée à la notice de l'Hôpital des Récollets qu'on trouvera plus loin.

J. D.

cours des malheureux qui y gémissent dans le besoin et la
douleur ; le conseil voulant absolument mettre fin à une
sorte d'entrepôt provisoire nécessité par les circonstances,
avant qu'il prenne la consistance d'un établissement ; mais
désirant également contribuer au soulagement de ses frères malades ou infirmes,

Arrête : ... qu'il autorise son comité des subsistances à
délivrer 15 bichets de truffes à l'hospice Saint-Lazare et
qu'il charge le citoyen Milou de visiter l'hospice général
des malades, la maison de secours et orphelins et le dépôt
établi à la Quarantaine, pour répartir d'ici à la fin de la
décade : les malades de l'hospice Saint-Lazare à l'hospice
général, les vieillards à la maison de secours et les infirmes
au dépôt de la Quarantaine. »

Séance du 29 pluviôse (17 février 1794). « D'après le
rapport d'un membre sur la nécessité de fournir des ressources pour les besoins de l'hospice de Saint-Lazare jusqu'à ce qu'on puisse exécuter le mode adopté pour sa suppression, besoins si réels et si urgens que les citoyens qui
l'administrent ont fait les avances d'une somme de 600 livres pour y fournir en attendant que la municipalité vint à
son secours, le conseil municipal arrête :

« ...Qu'il accorde à l'hospice dit de Saint-Lazare la
somme de 1200 livres dont le mandat lui sera fait par le
comité des finances, au nom du citoyen Milou, officier municipal, sur laquelle somme les administrateurs retireront
celle de 600 livres à eux due pour avances faites à cet hospice, et les autres 600 livres resteront pour les besoins des
malades ; charge en outre le citoyen Milou de dissoudre
cet hospice et l'autorise à faire suivre les effets à l'usage
des malades et infirmes pour ce qui concerne chacun dans
les lieux indiqués pour leur translation. »

Séance du 12 germinal 1er avril 1794. « Un membre
du comité des établissemens publics, prenant la parole
sur la dissolution définitive de l'hospice dit de Saint-Lazare demande qu'avant d'y donner des logements on attende

au moins qu'il ait renvoyé de cette maison 57 individus qui y sont encore, afin qu'il puisse remplir l'objet dont on l'a chargé ; et le conseil considérant qu'il est indifférent à cette dissolution de déplacer ces 57 individus puisque dans tous les cas il faut aussi leur procurer des logements à eux-mêmes, arrête... qu'il sera signifié aux administrateurs de cet hospice de se retirer, que le comité des travaux publics donnera aux 57 individus sus-désignés des *cédulles* de logement dans la maison même, comme il en donne à ceux qui vuident les maisons en démolition « et qu'il fera incessamment et de concert avec le cit. Milou un rapport sur les besoins de ces 57 individus afin qu'il y soit pourvu, entendant le conseil qu'il ne soit plus fait aucune distribution quelconque dans la susdite maison. »

Séance du 14 germinal 3 avril 1894. « sur la lecture du procès-verbal de la dernière séance, un membre observa, par rapport à l'arrêté sur la dissolution de l'hospice dit de Saint-Lazare, que le conseil, en retirant les distributions faites à cette maison par le comité des subsistances, n'a pas eu l'intention de retirer le pain à des infortunés qui n'ont rien.

Sur quoi le conseil arrête... qu'il a entendu changer seulement l'ordre de la distribution, et autorise le comité des subsistances à répartir aux cantons la quantité qu'il délivrait à cette maison en prenant en considération les besoins des malheureux. »

Séance du 13 prairial 1er juin 1794. « Sur le rapport d'un membre du comité des établissements publics et vu un compte de recettes et de dépenses de l'hospice dit de Saint-Lazare duquel il résulte que les citoyens qui ont administré cet hospice ont reçu la somme de 4225 livres, que les dépenses se montent à celle de 4404 l. 11 sols 9 deniers ou 59 centimes ; portant que la dépense excède la recette de la somme de 179 l. 11 s. 9 d. ou 59 centimes, qui avec celle de 37 l. 10 sols restants de la caisse forme la totale de 217 l. 9 deniers ou 9 centimes, que les citoyens dudit bureau laissent à la municipalité sans aucune réclamation, ledit état certifié et visé par les membres du comité des établissements publics qui l'ont vérifié avec les pièces justificatives. »

L'existence de l'hôpital Saint-Lazare semble terminée ; ses administrateurs ont été invités à se retirer, leurs comptes ont été vérifiés et approuvés, et eux-mêmes, c'est-à-dire les citoyens :

Pierre Vialle, de l'arrondissement d'Hydins,
Chauchat,   id.   de Riard,
Fleury Villard,   id.   de Thomassin.
André Montizon, du canton de l'Égalité.

Pierre Labaume et Jacques Laval, qui ont gratuitement administré l'hôpital, recevront, dans la *séance du 6 messidor* (24 juin), les remerciements de la municipalité. Vaine illusion ! l'hospice subsiste et subsistera encore pendant plusieurs mois, au moins pour les distributions de pain, et les mêmes administrateurs seront chargés de sa direction. Nous en trouvons la preuve dans les pièces suivantes :

Séance du 22 prairial (10 juin). « Sur le rapport d'un membre des établissements publics, présentant le tableau des indigents des différents cantons de la commune qui, jusqu'à ce jour, ont reçu le pain à titre de secours à la maison dite Saint-Lazare se montant à 445 individus et, sur la demande d'aviser au moyen de continuer ce secours à ceux qui ne peuvent s'en passer, mais en indiquant un autre endroit pour la distribution ; attendu la suppression de l'hospice dit Saint-Lazare, Le conseil... arrête : le comité des subsistances désignera un boulanger chargé de cette distribution, etc... etc... »

Séance du 7 thermidor (25 juillet 94 . « D'après l'exposé des ci-devants administrateurs de l'hospice dit St-Lazare que le nombre des indigents à qui l'on délivre du pain dans cette maison augmente tous les jours et que la quantité de farine délivrée à cet effet par la commune devient insuffisante, et sur le rapport d'un membre du comité de secours...

Le conseil autorise son comité des subsistances à délivrer pour cet objet 450 livres de farine par jour. »

Séance du 13 fructidor 30 août . « Le cit. Levrat expose que la suppression de l'hôpital de Lazare prononcée par délibération du conseil municipal du 21 prairial dernier n'a point encore été opérée et que les administrateurs de cet hospice sont en avance de diverses sommes pour l'acquit desquelles ils demandent qu'il leur soit accordée une somme de 600 livres sur les deniers de la commune. Le rapporteur expose ensuite qu'il est instant de statuer sur les distributions de pain qui se font à cet hospice d'une manière moins coûteuse pour la commune et plus commode pour les citoyens nourris; Le conseil arrête... que la distribution de pain faite jusqu'à ce jour à l'hospice Lazare sera faite à l'avenir dans la maison de secours et orphelins, et que quant aux dépenses avancées par les ci-devant administrateurs de Lazare supprimé, cet objet est renvoyé à un examen plus circonstancié. »

Séance du 6 vendémiaire an 3 .27 septembre 1794. « Lecture est faite d'une pétition et d'un compte des anciens administrateurs de l'hospice Lazare qui demandent qu'on apure leur compte et qu'on leur fasse payer le solde montant à 736 livres 17 sous 9 deniers, ouï l'agent, etc..., le conseil considérant que l'hospice Lazare a été supprimé et réuni à l'hospice des orphelins et vieillards; considérant qu'il est juste de rembourser aux administrateurs les avances qu'ils ont faites pour le soulagement de la classe nécessiteuse, considérant que le payement entre dans ceux ordonnés à la municipalité par l'article 3 de l'arrêté des représentants du peuple qui accorde cinq cent mille livres pour les dépenses urgentes, arrête : 1° Que ce compte des administrateurs visé par le comité des établissemens, demeure apuré, quant à la recette à la somme de 4.225 livres, quant à la dépense à celle de 4.464 livres 11 sous 9 deniers; partant qu'il leur est dû un excédent de 239 l. 11 s. 9 d., qui joint aux 497 l. 6 sous qu'ils ont payés depuis pour les

derniers frais de l'établissement porte leur avance à la
somme de 736 l. 17 s. 9 d. ; 2° que ladite somme de 736 l.
17 s. 9 d. sera payée de suite aux dits administrateurs par
la caisse de la commune ; 3° que les comptes et registres
dudit établissement de Lazare seront fermés et réunis au
comité des établissements publics. »

Séance du 28 vendémiaire an 3 (19 oct. 94). « Vu une
pétition des citoyens composant le ci-devant bureau de
l'hospice dit Saint-Lazare ; vu pareillement un compte y
joint signé par eux de différentes dépenses qu'ils ont faites
pour ledit hospice ; le conseil voulant faire droit à leurs
justes demandes... arrête : 1° Qu'il leur sera délivré un
mandat de la somme de 160 l. 15 sous pour avances par
eux faites depuis le 20 fructidor jusqu'au 20 vendémiaire ;
2° Qu'il leur sera fait une décharge de tous les registres,
pièces et autres objets relatifs audit hospice dont ils ont
fait la remise aux citoyens Marrel et Lachenal, officiers
municipaux ; 3° Qu'il sera délivré à chacun d'eux un extrait
de la délibération constatant que voulant rendre justice à la
vérité le conseil reconnait que les citoyens *(suivent les
mêmes noms que ci-dessus)* tous déclarés bons citoyens
par leurs comités respectifs, ont vraiment continué leur
administration avec autant de courage que d'économie, et
gratuitement depuis le 20 prairial jusqu'au 13 vendémiaire
inclusivement. »

Cette fois l'hôpital Saint-Lazare est réellement et défini-
tivement supprimé. Créé, selon toute apparence, dans les
premiers jours de septembre 1793, il disparait le 9 octobre
1794.

HÔPITAL DE LIMONEST.

Si grande qu'ait pu être au moyen âge l'importance du
territoire qui constitue aujourd'hui le canton de Limonest
à cause de sa situation au croisement des routes se dirigeant
au nord et à l'ouest, il est difficile de comprendre pour

quelle raison on y établit deux hôpitaux. Le fait ne peut cependant être contesté en présence de ce legs :

« En 1236, Guillaume de Charpinel lègue à chacun des hôpitaux de Lyon V s. forts ; à l'hôpital de Limonest et à l'hôpital de Plan-Bose (1), à chacun X s. forts. »

(Cart. Lyon. 1.520.)

C'est un contemporain qui nous signale l'existence de ces deux hôpitaux ; nous ne pouvons que nous ranger à son opinion.

L'hôpital de Plambeau nous a laissé un certain nombre de documents qu'on trouvera plus loin. Quant à celui de Limonest nous ignorons son origine et sa disparition ; son existence même n'est prouvée d'une manière absolue que par le testament ci-dessus.

M. C. Guigue, dont l'autorité en cette matière est incontestable, parait avoir ignoré la coexistence de ces deux hôpitaux si voisins et a rapporté à Plambeau plusieurs legs faits à l'hôpital de Limonest. Nous restituons à chacun de ces hôpitaux ceux qui leur sont affectés :

« Test. de Marie Symon, civis lugdunensis 1257, hospitali de Limone : XII den. vien.

(Obit. de l'Égl. métrop., 132.)

« Test. X hospitali de Limones : X s. vien.

(Cart. Lyon, 1 522.)

PÉNITENTS DE SAINT-CHARLES.

Nièpce fait figurer, dans sa liste des hôpitaux de Lyon et de la région, les Pénitents de Saint-Charles. C'est à tort, car s'ils furent institués à l'occasion d'une épidémie de peste, ils n'eurent jamais d'établissement destiné à recevoir des malades.

Ajoutons qu'il y mentionne aussi la maison des Recluses et celle des Filles Repenties, qui étaient des prisons et non des établissements hospitaliers.

---

(1) Hospitali de Limones et hospitali de Plano Bosco.

HÔPITAL DE PLAMBEAU.

Plambeau (autrefois *planus boscus* ou *plan Bost*) est aujourd'hui un *lieu dit* de la commune de Lissieu, situé à une centaine de mètres à l'ouest de la route de Paris, à 1.800 mètres environ de Lissieu et de Limonest et à trois kilomètres de Marcilly. L'hôpital qui y était établi et dont on ignore l'origine reçut des legs dans le cours du XIII° siècle :

« Test. d'Étienne, chapelain d'Anse, vers 1225 : hospitali de Plano Bosco X s.

(*Cart. Lyon.*, I, **283**.)

« Test. de Guillaume de Colonge, vers 1225 : hospitali de Plano Bosco IV mornant siliginis.

(*Obit. St-Jean*, 191. *Cart. Lyon.*, I, 286.

« Test. d'Ulrich Palatin, précenteur de l'église de Lyon, 19 décembre 1231 : hospitali de Plambosc XX mornant siliginis lego.

(*Bibl. Dumb. Valent.*, *Smith*, II, 94.

« Test. de Guillaume de Charpinel, 10 nov. 1236 : hospitali de Plano Bosco X s. fort.

(*Cart. Lyon.*, I, 520.)

« Test. de Jean Buillaz, prêtre, déc. 1277 : hospitali de Plano Bosco, II s. vien.

(*Cart. Lyon.*, II, 355.)

M. C. Guigue nous renseigne ainsi sur ce que devint plus tard l'hôpital :

« En 1281 Aymond, archevêque de Lyon, le donna aux chartreux de Sainte-Croix-en-Jarrez, qui l'accensèrent en 1436 à Bertrand Payen, notaire à Lyon, dont le fils « Grégoire le vendit en 1450 à Monin Boyssens, charpentier à Lissieu. Ce dernier céda ses droits le 20 juillet 1487, toujours à la charge de conserver à la maison son caractère hospitalier, aux Célestins de Lyon qui en obtinrent la remise en forme des Chartreux en 1497 et le conservèrent depuis, mais réduit à l'état de simple domaine, jusqu'au

11 août 1723, qu'ils l'aliénèrent moyennant 35.000 l. à la famille Riverieulx-de-Varax. Cet hôpital était sous le vocable Sainte-Marie ».

Guigue paraît avoir oublié qu'un acte du Conseil d'État du 13 juillet 1696 réunit « les hôpitaux de Brignais, de *Plambeau*, Taluyers et l'Arbresle à l'Hôtel-Dieu, aux charges imposées à ces divers établissements de charité » (1). Il est vrai que cet arrêt ne semble pas avoir reçu d'exécution, car les archives de l'Hôtel-Dieu ne contiennent aucune pièce relative aux biens de ces hôpitaux qui auraient dû lui revenir ; à peine quelques rentes insignifiantes provenant de l'hôpital de Brignais.

HOPITAL DE LA PLATIÈRE

Niepce est le seul auteur qui ait signalé un hôpital de la Platière (2). Il s'appuie sur un texte de P. Bullioud *Lugdunum sacro-prophanum* dont voici la traduction littérale : « Il y avait hors de la ville, maintenant dans la rue Mercière, près de la Place *Juxta Plateam* de Notre-Dame de Confort, un hôpital destiné aux veuves et aux femmes indigentes. On trouve qu'il fut fondé par le sieur Jean Dodieu et sa sœur Isabelle, vers l'an 1525. Il fut remis en toute propriété aux échevins par Monseigneur Claude Dodieu, évêque de Rennes, et nobles Claude et André Dodieu, chanoine de Saint-Just, héritiers de Jean et d'Isabelle, dont on trouve l'épitaphe dans les archives de l'hôpital ».

L'erreur de Niepce est évidente ; cet hôpital, situé rue Mercière, dans le voisinage de la Place N.-D. de Confort, était bien éloigné de la paroisse de la Platière. Il s'agit certainement du Petit Hôtel-Dieu appelé aussi hôpital des Femmes ou hôpital des Veuves auquel j'ai antérieurement consacré une notice particulière, dans laquelle je crois avoir réfuté les nombreuses erreurs accréditées à ce sujet, tant sur le nom des fondateurs que sur la date de son origine.

1) Dagier. Hist. chronol. de l'Hôtel-Dieu. p. 10. t. II.
2 Arch. départementales du Rhône. p. 310.

HOPITAL OU HOSPICE DE LA PROVIDENCE

Cet établissement n'était ni un hospice, ni un hôpital, dans le sens que nous attribuons aujourd'hui à ces mots. On n'y admettait ni malades, ni infirmes, mais les lettres patentes qui lui donnent l'existence légale le qualifient hospice ou hôpital de la Providence et, à ce titre, il entre dans le cadre de notre étude.

L'origine de cet hôpital remonte à 1707. Il fut établi, sous l'initiative de Mgr Claude de Saint-Georges, archevêque de Lyon (1693-1714), par « des personnes charitables uniquement pour retirer, entretenir et élever de pauvres jeunes filles exposées à se perdre par le peu de soins ou les mauvais exemples de leurs parents ». Elles se fixèrent dans une maison qui leur fut cédée par la famille de Villars, montée de Saint-Barthélemy à l'angle septentrional de l'escalier des Chazeaux, en face du Couvent des P.P. Récollets.

Jusqu'en 1711, c'est en quelque sorte une société privée, n'ayant pas d'existence légale, aussi, à ce moment, elle s'efforce d'obtenir une situation plus régulière. C'est d'abord une « Requête présentée par plusieurs dames et demoiselles à Mgr l'archevêque de Lyon, à la suite ordonnance dudit archevêque (15 juin 1711) contenant création de la Communauté de pauvres filles en danger de se perdre en communauté séculière, sous le titre de Maison de la Providence et consentement à ce qu'elles obtiennent des lettres patentes » *Invent Chappe, T. XIX.* Puis, un acte consulaire (10 déc. 1711) contenant le consentement des échevins à l'établissement de la communauté. Ajoutons qu'à cette même époque Mgr de Saint-Georges confia aux Religieuses Trinitaires (1) l'œuvre de la maison ou hôpital de la Providence.

---

(1) Cet ordre (Bernardines Réformées) avait été institué en 1622 par Mme Louise-Blanche-Thérèse de Ballon, à Rumilly (Haute-Savoie).

En 1716, Mgr François Paul de Neuville, successeur de l'archevêque Claude de Saint-Georges, obtint des lettres patentes de Louis XV en faveur de cette œuvre « destinée à élever des jeunes filles de 8 ans, que la pauvreté ou le dérèglement des parents mettaient en danger de tomber dans le libertinage ». Les mêmes lettres patentes autorisaient l'établissement des filles de la Trinité, pour avoir soin de la communauté, sous la direction de douze dames de la ville chargées de l'administration, depuis l'origine. *Arch. Charité, B. 52, p. 21, col. 2.* De plus, elles conféraient à l'œuvre nouvelle tous les privilèges et immunités accordés aux hôpitaux.

Pour des raisons qui nous échappent, le Consulat fut appelé, le 3 février 1732, à renouveler le consentement donné en 1711. « Le Consulat ayant eu communication des lettres patentes données en mars 1716 portant confirmation d'une maison ou hôpital..... consent de nouveau, en tant que de besoin au dit établissement, aux charges, clauses et conditions énoncées dans le consentement déjà donné, le 10 déc. 1711 ». *Arch. municip. BB. 285.*

L'œuvre avait prospéré. En 1736, il fut question de bâtir une chapelle et de nouveau il fallut recourir au Consulat. La réponse fut absolument favorable, comme en témoigne la note suivante : « Les Prévost des marchands et échevins tant pour la fixation de l'indemnité due aux administrateurs de la Maison de la Providence, à cause du reculement qu'ils sont obligés de faire pour la construction d'une chapelle, pour l'usage de la dite maison en suite de l'alignement donné le 6 du dit mois, soit pour contribuer au maintien et soulagement d'une maison aussi utile au public, créent et constituent en faveur de la communauté de la Providence une pension annuelle et perpétuelle de 200 l. » *Acte du 13 mars 1736. Invent. Chappe, T. XIX.*

Le Consulat ne s'en tint pas longtemps à cette rente annuelle de 200 l. En 1740, à la suite d'une visite qu'il fit dans cet établissement, pour témoigner sa satisfaction de la manière dont il était géré, il décida, par acte du 2 août,

« qu'il sera payé annuellement la somme de 1000 livres, par moitié de 6 mois en 6 mois, sur les simples quittances du trésorier du dit hôpital ». *Arch. municip, BB. 305.*

Jusqu'au début de la Révolution, l'œuvre de l'hospice de a Providence passe inaperçue ; tout au plus pourrait-on signaler que le cardinal de Tencin lui imposa un règlement en 1758 et que la subvention de 1.000 livres, votée par le Consulat en 1740, ne figure pas dans le budget de 1768 qui nous a été conservé.

A ce moment, l'administration est toujours ce qu'elle a été dès le début ; l'autorité ecclésiastique n'a sur l'hôpital de la Providence et sur son personnel qu'un simple rôle de haute surveillance ; les administrateurs, au nombre de douze, sont laïcs, se recrutent eux-mêmes et restent en fonctions aussi longtemps qu'il leur convient. Ces fonctions, sont, du reste, assez onéreuses car l'œuvre n'a aucune ressource assurée en dehors de la subvention municipale et on trouvera qu'en 1792, elle ne possède qu'une portion de maison, montée du Gourguillon. Cependant, elle est prospère ; elle a graduellement acheté les ténements voisins et, au moment de la Révolution, elle possède presque tout l'espace compris entre la montée des Chazeaux et celle du Garillan, bordant la montée de Saint-Barthélémy dans toute cette étendue et occupant sur la pente de la colline une profondeur de près de cent mètres. Les libéralités des administrateurs, les dons de la bienfaisance ont sans doute contribué à ce résultat, mais il faut y ajouter, et probablement pour une large part, le produit du travail des administrées. On les reçoit entre 7 et 9 ans, elles restent dans la maison jusqu'à 21 ans et, pendant cette longue période, l'œuvre profite de leurs gains. En retour, l'éducation qu'elles reçoivent les met en état de gagner leur vie au sortir de l'hôpital.

Arrivons à la période la Révolution. On sait que la constitution civile du clergé (12 juillet 1790) mit le trouble dans toutes les communautés. A l'hôpital de la Providence, il y avait huit sœurs : trois se prononcèrent en faveur de

l'évêque constitutionnel Lamourette, les cinq autres res-
tèrent fidèles à l'ancien archevêque de Marbœuf et le
bureau appuyait ces dernières. Injuriées, maltraitées par
leurs compagnes, les trois premières recoururent à la municipalité qui, le 22 novembre 1791, prit l'arrêté suivant :

« La municipalité, considérant que l'hôpital dit de la
Providence est une maison d'éducation publique administrée
jusqu'à présent par des citoyens, même sous la surveillance
et présidence des bénéficiers ecclésiastiques, a arrêté que
conformément à la loi du 5 novembre 1790, la municipalité se chargera incessamment de l'administration de l'hôpital et maison d'éducation publique dite de la Providence
pour le régir avec les citoyens qui seront élus par le conseil
général de la commune, à l'effet de quoi MM. Charmetton,
Chalier, Perret et Sicard sont nommés commissaires pour
se transporter dans le jour au lieu de ladite administration
de ladite maison, recevoir d'eux ladite administration et les
inviter à coopérer avec la municipalité à la régie et administration d'icelle maison, jusqu'à l'élection des administrateurs adjoints, à laquelle il sera procédé par le conseil
général de la commune » 1.

Mais, à ce moment, il y avait entre la municipalité et le
département de nombreux conflits qui devaient aboutir à la
sanglante journée du 29 mai 1793. Le conseil du département
annula cette délibération, cassa les administrateurs nommés
par la municipalité et rétablit l'ancienne administration,
toutefois avec cette réserve que les administrateurs laisse-
raient à chaque individu de la maison pleine et entière
liberté. Peu après, les désordres recommencèrent ; l'évêque
Lamourette, avec l'assentiment du conseil départemental,
révoqua les administrateurs et en nomma de nouveaux.

Ces nouveaux administrateurs ne conservèrent pas longtemps une situation devenue intolérable ; l'acte suivant est
le dernier qui concerne l'hôpital de la Providence et con-
somme sa suppression : « Samedi, 13 oct. 1792, lecture

---

1 *Procès-verbaux des corps municipaux*, etc., II, p. 655.

faite d'une pétition des citoyens administrateurs du bureau
de la Providence, par laquelle ils annoncent être dans
l'impossibilité de fournir aux dépenses nécessaires pour
soutenir cet établissement ; le Conseil général, considérant
que le but de cet établissement est immoral, en ce que
l'admission des jeunes filles dans cette maison ne peut être
fondée que sur le déshonneur de leurs pères et mères qui
est une tache pour elles-mêmes dans l'opinion publique ;
considérant que les cidevant sœurs qui surveillent ces filles
et dirigent leurs travaux sont supprimées par la loi, et que
d'ailleurs il serait dangereux de leur laisser le soin d'une
éducation, parce que la plupart d'entre elles sont aussi outrées
en fanatisme qu'en opinions politiques ; ouï, etc... a arrêté
que les citoyens Arnaud-Tizon, officier municipal, Billiemaz
et Sobry, notables, sont nommés commissaires à l'effet de
concerter avec les citoyens administrateurs de l'hôpital
général de la Charité les moyens de réunion de l'œuvre de
la Providence à celle dudit hôpital, pour être arrêté défini-
tivement, sous l'approbation des corps administratifs, ce
qu'il appartiendra. Fait, etc..... » (1).

L'institution disparue, que devint le claustral ? Charléty
nous renseigne sur ce point : « Claustral, 12.648 p. q. dont
10.460 bâtis, montée Saint-Barthélémy à Lyon, aux religieuses de la Providence ; revenu 2.600 livres. Vendu le
26 pluviôse an V (24 février 1797) 47.600 livres à Benoit
Tronel, rue de la Gerbe, n° 60, à Lyon. » (2).

L'œuvre cependant devait renaître au XIX⁰ siècle, mais
si le but était le même le nom avait changé ; ce n'était plus
ni un hôpital ni un hospice. Nous résumons ainsi d'après
Vachet (*Anciens couvents*) l'histoire de la nouvelle institution : « Cette Providence se reconstitua en 1804 par les
soins du P. Roger, jésuite. Elle fut installée alors « rue
Sala, n° 40, puis en 1809 à Fourvière dans une maison
appartenant à Mᵐᵉ de la Barmondière, puis, en 1811,

---

(1) *Procès-verbaux*. III. p. 325.
(2) *Biens nationaux*, n° 2822.

encore rue Sala, dans une partie de l'ancien monastère de
la Visitation, enfin en 1840, là, où elle est encore, à la
Croix-Rousse, à l'extrémité du cours des Tapis. »

« Les premières maîtresses de 1804 furent des religieuses
Trinitaires de l'ancienne Providence, puis forcées de se
retirer pour des motifs inconnus, elles laissèrent l'administration de la maison à de pieuses personnes séculières qui
maintinrent les règlements adoptés. Enfin, en 1817, ces
maîtresses revêtirent l'habit religieux des Trinitaires de
Valence. » (1).

Ajoutons qu'en 1853, cet établissement a été reconnu
d'utilité publique.

HOSPICE DES RÉCOLLETS OU DE LA RÉGÉNÉRATION.

L'assemblée législative avait, par un décret du 27 novembre 1791, prononcé la peine de l'emprisonnement contre
les prêtres réfractaires qui excitaient des troubles. Plus
tard la peine fut aggravée : ce fut la déportation, cependant adoucie en faveur des prêtres malades, infirmes ou
sexagénaires, qui purent rester en France, mais détenus
sous la surveillance des municipalités.

C'est pour se conformer à cette loi que le conseil général
du département de Rhône-et-Loire prit, le 4 septembre
1792, l'arrêté suivant :

« Il a été arrêté que le couvent des ci-devant Récolets
est destiné pour recevoir les prêtres infirmes ou sexagénaires qui, ne pouvant être déportés, seront détenus dans
cette maison pour y vivre en commun. » *Procès-verbaux*,
t. III, p. 280.

Le couvent des Récollets se trouvait donc, par cet arrêté,
transformé en prison et aussi en hospice, car les prêtres
qui devaient y être détenus étaient infirmes ou âgés. Il
semble du reste que plus tard certains prisonniers, venant
des prisons de la ville, y furent également admis, et je

---

(1) Vachet. *Anciens couvents, etc.*, p. 620.

suppose que le couvent des Récollets dut être choisi pour satisfaire à cette demande de la commission temporaire de surveillance républicaine :

19 frimaire an II (9 décembre 1793). « L'assemblée arrête que la municipalité fera placer dans 48 heures, sous sa responsabilité, dans un lieu sain, les malades détenus dans la prison, en prenant les précautions nécessaires pour leur surveillance (1). »

Pendant plus d'un an l'hôpital des Récollets passe inaperçu et, quand il en est question, en 1794, il semble avoir hangé de destination. Il n'est plus question de prêtres sexagénaires ou infirmes, mais seulement de prisonniers malades. Les documents qui suivent en font foi ; c'est un hôpital, mais c'est surtout un établissement pénitentiaire, car lors de sa suppression c'est dans les infirmeries des prisons qu'on répartit ceux qui y étaient hospitalisés.

Voici les documents qui concernent l'hospice des Récollets :

Séance du 4 pluviôse an II 23 janvier 1794. « D'après le rapport d'un membre du comité de police qui présente un mémoire de fournitures faites par le cit. Picquet, concierge de l'hospice *de la Régénération*, ci-devant *les Récollets*, aux personnes détennes dans ledit hospice, depuis le 11 jusqu'au 30 nivôse, lequel mémoire est certifié par le cit. Mermet, médecin, le conseil arrête... qu'il sera délivré au cit. Picquet un mandat sur le trésorier de la commune de la somme de 219 l. 13 s., montant de son compte de fournitures aux malades pendant le temps indiqué, sauf le remboursement être fait à la commune par qui de droit. » *Procès-verbaux des séances des corps municipaux de la ville de Lyon, t. IV*.

Séance du 24 pluviôse an II (14 février). « Sur le rapport d'un membre du comité de police des abus qui existent dans l'hospice des prisonniers malades aux ci-devant Ré-

___

(1) SALOMON DE LA CHAPELLE. *Documents sur la Révolution*, p. 54.

collets, abus constatés par procès-verbal dudit comité, dont
il résulte qu'il n'y a ni chef ni ordre, et qu'à en juger par
un mémoire présenté, il doit s'y commettre des dégâts et
dilapidations qu'une administration sage ne peut permettre
et qu'elle doit réprimer de toute la force dont elle est
armée pour l'exécution des lois; le conseil municipal arrête
qu'il charge spécialement et autorise le comité de police
d'organiser dans le plus bref délai *l'hospice des malades
prisonniers, situé aux ci-devant Récollets*, soit en y nom-
mant des concierges et guichetiers propres à la régie de
cet hospice, soit en y établissant et surveillant la sûreté,
l'ordre et l'économie, soit en rendant lesdits citoyens res-
ponsables de tous dégâts et dilapidations et défaut d'ordre
et de sûreté. »

Séance du 11 ventôse (1er mars 94. « Un membre du
comité de police expose que s'étant occupé à chercher et à
disposer dans les prisons de Roanne, St Joseph et les Recluses des appartemens à la foi sûrs et commodes pour y
établir des infirmeries, à l'effet d'y transporter les prisonniers malades de l'hospice des Récollets, le comité demande
à être autorisé à effectuer ce transport et à faire suivre en
même tems les effets avec les individus dans chacune de
ces maisons.

Le conseil considérant qu'il importe aux intérêts de la
République, non seulement de diminuer le nombre de ces
établissements trop considérables et qui sont comme des
chancres politiques dévorant sa substance, mais encore
qu'il importe d'empêcher qu'il s'en forme de nouveaux,
attendu que leur suppression devient toujours plus difficile
à mesure qu'ils prennent de la consistance ;

Arrête qu'il charge son comité de police de faire réinté-
grer les prisonniers malades à l'hospice dit des Récollets
dans les infirmeries respectives des prisons de Roanne,
St Joseph et des Recluses ; en second lieu qu'il est autorisé
à faire suivre dans ces maisons les effets servant actuelle-
ment à ces malades et qu'il chargera, à cet effet, un de ses

membres de dresser avec un commissaire de police procès-verbal d'inventaire des dits meubles et effets ;

Enfin que préalablement le comité de police soumettra la présente délibération à la commission temporaire pour avoir son approbation. »

Séance du 22 germinal (11 avril. « Sur une demande de paiement de médicaments fournis à la maison dite des Récollets, par le cit. Macors, pharmacien, le conseil nomme les citoyens Thessier et Caractery pour vérifier le compte du cit. Macors et y mettre leur avis. »

Séance du 23 germinal (12 avril 94). « Sur la demande de payement de la citoyenne Rimbeau, pour avoir été employée en qualité de garde-malade à l'hospice des Récollets ; vu un certificat signé Pugnet, Gibollet, Jacquemot qui atteste qu'elle a servi au dit hospice depuis le 9 pluviôse jusque et y compris le 6 germinal, certifié par les cit⁰ Mermet, médecin, et Macors, pharmacien ; Le conseil arrête qu'il lui sera fait un mandat sur la caisse de la commune pour la payer de ses soins pour le temps énoncé ci-dessus, à raison d'une livre dix sous, ou d'une livre 50 centimes par jour, attendu la déclaration faite par la dite citoyenne d'y avoir été nourrie. »

Séance du 23 germinal (12 avril). « Vu un exposé du cit. Simon, incarcéré et malade pendant quelque temps, son épouse, après l'avoir servi, a continué à servir les malades aux Récollets ; qu'elle est à son tour tombée malade et qu'il réclame des secours pour son état et en payement de ses soins ; ledit exposé certifié par le cit. Mermet, médecin dudit hospice ;

Le conseil arrête qu'il sera payé par le caissier de la commune le service de 65 jours à laditte citoyenne à raison d'une livre 10 sous, ou une livre 50 centimes par jour. »

L'hospice des Récollets, créé par arrêté du 4 septembre 1792, disparait vers le 1ᵉʳ mars 1794, après moins de trente mois d'existence. Les procès-verbaux ci-dessus nous ont montré quel en était le personnel : médecin, pharmacien, infirmières. En dehors de ces procès-verbaux, il nous reste encore un document à reproduire.

Lorsque le 28 janvier 1794, les commissaires Dutreh, Roux et Vuillermoz, chargés de vérifier l'état des corps inhumés pendant le siège dans les diverses parties de la ville, firent leurs constatations à l'hôpital des Récollets, ils trouvèrent seulement seize corps (1) provenant de cet hospice et inhumés dans le voisinage. La mortalité avait-elle été aussi faible ; c'est douteux. A cette époque les corps ne pouvant être transportés à la Madeleine furent pour la plupart inhumés à la Quarantaine.

HOSPICE DE LA TRINITÉ, OU DES TRINITAIRES.

L'origine et la destination de cet hospice sont clairement précisées par les documents suivants : « 1658, Permission donnée aux PP. Trinitaires de la Rédemption des captifs de fonder à Lyon un *hospice* pour servir de pied-à-terre aux religieux de leur Congrégation et en même temps de lieu de repos temporaire aux captifs rachetés qu'ils conduisaient des ports de la Provence à Paris (2). »

D'autre part l'autorité diocésaine accorda la même permission avec ces réserves :

« Ils ne pourront, sous quelque prétexte que ce soit, prétendre que ce soit un couvent, mais seulement comme dit est : un *hospice*. Ils ne pourront y chanter aucun office, mais seulement dire la messe, les portes fermées ; ils ne pourront avoir aucune cloche ni clocher, ni s'immiscer en aucune façon à l'administration des sacrements (3). »

Le consulat ajouta encore à ces restrictions l'interdiction de quêter par la ville.

C'était donc bien un véritable *hospice* et seulement un *hospice* : car les captifs ramenés de la côte barbaresque

---

(1) Salomon de la Chapelle. *Loc. cit.*, p. 217.

(2) Actes consulaires, BB., 213.

(3) Vachet. *Anciens couvents de Lyon*, p. 539-549.

devaient avoir besoin de se remettre des souffrances de l'esclavage et aussi des fatigues d'un long voyage qui devait probablement se faire à pied depuis Marseille. Il fallait les montrer à ceux qui avaient donné des aumônes pour leur rachat et prouver que l'argent avait été réellement employé suivant leurs intentions; cette exhibition était nécessaire, car on accusait souvent les Trinitaires de garder pour eux la plus grosse part du produit des quêtes; assertion complètement erronée si, comme le dit Vachet [1], il résulte des anciens registres du consulat d'Alger que 8 milliards 400 millions furent versés par eux pour le rachat de quatorze cent mille esclaves. Donc, après une station au couvent des PP. Piepus de la Guillotière, ils se rendaient processionnellement et par le chemin le plus long à l'hospice qui leur était destiné, puis, après quelques jours de repos, ils reprenaient leur voyage.

L'ordre des chanoines réguliers de St-Augustin de l'ordre de la Ste Trinité pour la Rédemption des captifs avait été institué à la fin du XIIe siècle par Jean de Matha et Félix de Valois. Il fut autorisé par le pape Innocent III le 2 février 1198. Ces religieux s'établirent à Paris en 1226; à Lyon ils se fixèrent d'abord rue Beauregard, au-dessus du Gourguillon, dans la maison antérieurement occupée par les Ursulines et les filles repenties; puis, le 24 avril 1664, ils achetèrent « une maison haute, moyenne et basse au-devant de la fontaine, place et rue du Gourguillon, consistant en quatre corps de logis, caves, fourniers, vergers et deux jardins. Ils y aménagèrent leur église et logement. » Cette maison avait appartenu aux Bellièvre, mais leur vendeur fut Guillaume Descude, seigneur de Laval [2].

L'ordre des Trinitaires et leur hospice ont dû disparaître en 1790; leur établissement est encore cité en 1788. En 1737 le 11 novembre on avait vu une procession de 70 esclaves rachetés par les Trinitaires; en 1750, on en vit 105,

---

(1) Vachet. *Anciens couvents de Lyon*. p. 539-549.
(2) Vachet. *Loc. cit.*

dont 9 Lyonnais, ramenés d'Alger, et enfin en 1765 ces religieux montraient 80 français rachetés sur la côte du Maroc 1 . L'almanach de 1788 mentionne encore le rachat de quelques captifs, mais il semble que leur nombre ait beaucoup diminué.

Leur hospice figure au plan de 1784 sur la place de la Trinité, autrefois : treyve du Gourguillon, entre les rues Ferrachat et de Bellièvre. Les nouvelles rues tracées dans ce quartier en ont fait disparaître jusqu'aux derniers vestiges ; il ne reste qu'un nom : Place de la Trinité.

---

(1) PÉRICAUD. *Tablettes chronolog.*, 24-31.

TABLE DES MATIÈRES

Lyon. — Association Typographique, 12, rue de la Barre. — H. GABRION, directeur